빨간모자와 늑대의 트라우마 케어

과거의 상처를 넘어 지금의 나를 사랑하는 힘을 되찾자!

빨간모자와 늑대의 트라우마 케어

초판 1쇄 2017년 09월 15일

지은이 시라카와 미야코
옮긴이 김나랑
발행인 최홍석

발행처 (주)프리렉
출판신고 2000년 3월 7일 제 13-634호
주소 경기도 부천시 길주로 77번길 19 세진프라자 201호
전화 032-326-7282(代) **팩스** 032-326-5866
URL www.freelec.co.kr

편 집 안동현
지 원 이정임, 하나래
디자인 김혜정

ISBN 978-89-6540-179-7

빨간 모자와 늑대의 트라우마 케어

과거의 상처를 넘어 지금의 나를 사랑하는 힘을 되찾자!

시라카와 미야코 지음 | **김나랑** 옮김

프리렉

시작하며

이 책의 특징과 목적

《빨간모자와 늑대의 트라우마 케어》는 트라우마 지원 관계자 그리고 당사자와 가족을 대상으로 쓴 책입니다.

트라우마란 정신적 외상, 즉 마음에 생긴 상처를 가리킵니다. 범죄 피해나 교통사고처럼 단 한 번의 충격으로 생기는 상처도 있지만, 아동 학대나 가정 폭력 등 여러 차례 반복되는 충격으로 말미암은 만성적 상처도 있습니다. 이처럼 다양한 원인으로 발생하는 트라우마는 몸과 마음, 대인 행동에 영향을 끼쳐 한 사람의 인생을 곤경에 빠뜨립니다.

트라우마는 살아가면서 누구에게나 생길 수 있는 상처입니다.

따라서 정신건강의학과뿐 아니라 일반 의료, 보건, 복지, 교육, 사법, 갱생, 재해 지원 등 매우 폭넓은 분야의 직원과 관계자가 트라우마에 시달리는 당사자와 접촉할 가능성이 있습니다. 학대, 가정 폭력, 범죄의 피해자는 물론이고 가해자의 배경에 트라우마가 자리 잡은 경우도 많습니다. 아동 보호 시설이나 학교에서 아이들과 생활하는 직원도 트라우마 문제는 결코 피해 갈 수 없지요.

트라우마란 도대체 무엇이고 어떻게 대처해야 하는지 파악한 후에 당사자를 대한다면 지원 수준이 눈에 띄게 높아집니다.

미국의 약물 남용 및 정신 위생 관리청(Substance Abuse and Mental Health Services Administration, SAMHSA)은 사이트⬤ 첫 페이지에 '트라우마 인식 접근(Trauma-Informed Approach)'을 크게 소개한 적이 있었습니다. 이 개념은 '① 트라우마의 광범위한 영향과 회복 가능성을 이해한다. ② 당사자, 가족, 직원, 기타 관계자의 트라우마 신호와 징후를 인지한다. ③ 정책, 절차, 관행과 같은 지원 분야에 트라우마 지식을 통합하여 대응한다. ④ 트라우마 재발 방지 수단을 찾는다.'로 구성되어 있습니다.

🔅 http://www.samhsa.gov/nctic/trauma-interventions (2017년 6월 현재)

그 기본은 다음 6원칙으로, 매우 간단합니다.

① 안전

② 신뢰성과 투명성

③ 동등 지원

④ 협동과 상호성

⑤ 역량 증진(empowerment), 소리와 선택(소리를 들려주고 선택하게 함)

⑥ 문화, 역사, 성(性)에 대한 배려

하지만, 각 전문 영역에서 활동하는 선구자의 노력에도 불구하고, 이러한 기본적이고 간단한 사항을 실현하기 위한 구체적인 노하우는 아직 공유되고 있지 않습니다. 특히 당사자가 일상생활에서 회복하기 위한 지원 활동에 쓸 만한 자료가 거의 없는 실정입니다.

이 책은 세계적으로 알려지기 시작한 '트라우마 인식 접근'의 기본에 근거하여, 또한 저의 임상 경험을 바탕으로 이야기를 창작하여 트라우마 당사자를 위한 심리 교육에 활용할 수 있도록 집필했습니다. 위의 6원칙을 알기 쉽게 전달하려면 이야기 형식이 가장 효과적이라고 생각했기 때문입니다.

주인공 '빨간모자'는 과거에 피해자였던 소녀가 자조적 활동을 통해 성장하고, 그 후 지원자로서 활약하는 여성으로 묘사됩니다. 조연인 '늑대'는 복합 트라우마를 겪고 가해자가 됐지만, 빨간모자와 만난 후 지원 활동에 가담합니다. 이 두 사람을 축으로 전개되는 인물군 속에 동등 지원과 커뮤니티, 회복과 성장 등 단순한 기법론만으로는 설명할 수 없는 내용이 담겨 있습니다.

많은 분이 알기 쉽게 체감하며 배우는 것이 저의 간절한 소망입니다.

이 책의 구조

트라우마는 중증 사례를 제외하면 '심리 교육', '자가 치료', '기술 습득' 세 가지 방법으로 회복할 수 있습니다.

- 트라우마란 무엇인지, 현재에 어떤 영향을 미치는지 파악한다.
- 자신을 소중히 대하는 자가 치료 방법을 배운다.
- 살아가기 위한 여러 기술(감정 표현, 인간관계 등)을 익힌다.

그러나 앞에서도 언급했듯이 트라우마의 형태는 매우 다양하고 증상도 천차만별입니다. 위의 세 가지 방법을 효과적으로 전달하려면 올바른 순서가 필요합니다. 먼저 이 책의 1장 '트라우마를 경험한 사람에게 전하고 싶은 일곱 가지 이야기'에서는 단일성 트라우마(한 번 일어난 체험에 의한 트라우마)를 중심으로 트라우마의 증상과 회복에 대해 설명하고, 2장 '만성적 트라우마가 일으키는 증상'에서는 학대나 가정 폭력 등에 의한 복합성 트라우마(만성적으로 나타나는 트라우마) 증상을 다룹니다. 3장 '트라우마에서 회복하는 일곱 가지 단계'에서는 복합성 트라우마의 회복, 4장 '재해 트라우마의 특징과 신체 중심 접근법'에서는 재해 트라우마에 대해 살펴봅니다.

여기까지는 트라우마 지원자가 심리 교육 자료로 활용할 수 있을 뿐 아니라 당사자가 직접 읽으면서 자기 이해를 높이고, 가족과 치료 전문가가 공통 인식을 형성하는 데 도움이 됩니다. 실제로 이 내용을 계간지에 연재할 당시 증상이 상당히 호전되었다는 여러 독자분의 목소리를 들었습니다. '이야기'는 등장인물에 다양한 형태로 감정을 이입함으로써 회복에 필요한 유사 체험을 할 수 있는 도구이기 때문입니다.

마지막으로 5장 '지원자가 알아 두어야 할 중요한 사실'에서는 트라우마 지원자가 당사자와 안정적으로 관계를 맺으며 회복을 도울 때 필요한 내용을 정리했습니다. 부디 유익하게 활용해 주시기를 바랍니다.

시라카와 미야코(白川美也子)

정신과의사이자임상심리사이며'마음과몸·빛의꽃클리닉' 원장. 하마마쓰의과대학을졸업하고 국립요양소 덴류병원 소아신경과·정신과 과장, 하마마쓰 시 정신보건복지센터 소장, 국립정신신경센터 임상연구기반 연구원, 쇼와대학 특임 조교수를 역임했다.

학대, 가정 폭력 등 대인 폭력으로 말미암은 트라우마 치료에 전념했으며, 트라우마의 연쇄를 막고자 보육원, 아동 양육 시설, 여성 보호 시설에서 활발히 활동했다. 2011년부터 동일본 대지진 피해를 본 학교를 지원했으며 2013년에 개업했다.

김나랑

고려대학교와 아오야마가쿠인대학교에서 일본어와 일본문학을 공부했다. 기업에서 근무하다가 외국어를 우리말로 옮기는 일에 매료되어 번역가로 전향했으며, 현재 유익한 서적을 찾아 소개하는 일에 힘쓰고 있다. 옮긴 책으로는《대자연과 컬러풀한 거리, 아이슬란드》가 있다.

차례

1장

트라우마를 경험한 사람에게
전하고 싶은 일곱 가지 이야기

트라우마 기억은 왜 고통을 수반할까요?

뇌 속에서 무슨 일이 벌어지는 걸까요?

무언가 편해질 수 있는 방법은 없을까요?

1장에서는 범죄나 재해 피해 등 '단일성 트라우마'에 의한
PTSD를 중심으로 증상의 종류와 회복 과정에 대해 알아봅시다.

1.

트라우마 기억은
'냉동 보존 기억'

빨간모자와 늑대

여러분은 《빨간모자》라는 이야기를 알고 계시겠지요?

《빨간모자》 이야기에는 여러 종류가 있지만, 이 책에 등장하는 '빨간모자'는 할머니로 변장한 늑대에게 잡아먹힐 뻔한 위기에서 벗어난 소녀입니다. 그런데 이 소녀의 체험이 소위 '트라우마'가 되었다면 어떨까요?

트라우마에는 긍정적인 기능도 있습니다.

빨간모자는 그 사건 이후 깊은 숲 속에 함부로 발을 들이지 않을지도 모릅니다. 수상한 사람이 나타나면 늑대가 변장한 건 아닌지 주의 깊게 살필지도 모르지요. 이러한 태도는 자신의 안전을 지키는 밑거름이 됩니다.

또한, 빨간모자가 플래시백을 일으킬 때마다 늑대에게 잡아먹힐 뻔한 일을 거듭 이야기하면 주위 사람들도 위험을 인식하게 됩니다. 더 많은 사람이 안전해지는 셈이지요.

이처럼 섬뜩한 사건의 기억이 뇌리에 박히는 현상은 사실 우리가 살아가는 데 꼭 필요합니다.

하지만, 트라우마에는 해로운 측면도 있습니다.

어쩌면 빨간모자는 개가 입을 크게 벌리고 하품하는 모습만 봐도 '늑대한테 잡아먹힐 거야!'라는 공포감에 얼어붙을지도 모릅니다. 개의 복슬복슬한 꼬리가 두려움을 일으키는 방아쇠로 작용하기도 합니다. 숲을 볼 때마다 겁에 질릴 수도 있지요.

사방에 불안 요소가 있으면 빨간모자는 집 밖으로 나오기가 어려워집니다. 더구나 세상 사람들이 전부 늑대일지도 모른다는 생각이 들면 가까운 사람마저 신뢰할 수 없게 됩니다.

트라우마 기억은 퇴색하지 않는다

트라우마가 생존에 도움이 되는 한편, 생활에 불편을 끼치기도 하는 이유는 무엇일까요? 다른 예를 살펴봅시다.

누군가가 "받아요, 선물이에요."하고 고기 300g을 주었다고 가정합시다. 집으로 돌아가서 조리하면 유용한 식량이 되겠지요. 그런데 만약 고기 30kg을 느닷없이 건네받았다면 어떻게 해야 할까요?

양이 너무 많으니 집으로 가져가서 냉동하는 수밖에 없을 겁니다.

트라우마 기억을 단순한 체험으로 한 번에 받아들이기에는 크기가 너무 큽니다. 그러므로 이를테면 뇌 속의 냉동고에 보존하는 것이지요. 일상의 기억과는 달리 될 수 있으면 떠올리지 않으려고 깊숙이 집어넣습니다. 평상시의 자신과는 벽으로 가로막힌 '해리(解離)'라는 냉동고에 꼭꼭 넣어서 얼려 버립니다. 그 안에는 트라우마를 경험했을 때의 오감, 감정, 인지, 사고가 당시 그대로 냉동 보존되어 있습니다.

구체적으로 살펴보면 트라우마 기억에는 다음과 같은 특징이 있습니다.

1. 무시간성·선명성

우리는 평소에 수년 전의 실연 경험을 일컬어 "트라우마가 되었다."라고 하는 경우가 있는데, 통상적으로 실연 경험이 트라우마가 되지는 않습니다. 시간이 지날수록 괴로운 기억도 오랜 사진처럼 바래지죠.

하지만, 트라우마 기억은 몇십 년이 지나도 오랜 사진처럼 바래지 않습니다. 가만히 내버려 두면 계속해서 선명한 색을 띕니다.

2. 회상할 때 고통스러운 감정을 수반한다

고통과 불쾌감 등의 감각, 공포와 수치심 등의 감정이 고스란히 남아 있습니다. 기억을 떠올리면 당시의 일을 온몸으로 다시 체험하게 되므로 과거와 똑같은 고통을 느낍니다.

3. 말로 표현하기 어렵다

과거의 사건이 마치 현재 일어나는 듯 생생하게 재현(플래시백)될 때 뇌의 혈류를 측정하면 우뇌가 흥분한 상태이고, 트라우마 치료 등으로 체험을 말할 수 있게 됐을 때는 양쪽 뇌가 흥분한 상태라는 보고가 있습니다.

우뇌는 주로 이미지와 관련된 기억, 좌뇌는 언어와 관련된 기억을 주관합니다. 다소 복잡한 내용을 간략하게 설명하자면, 냉동 보존 기억은 우뇌를 중심으로 한 네트워크에 수납된 것과 같습니다. 사건에 대해 이야기하려 해도 말문이 막히는 까닭은 단지 괴로워서 말로 표현하기 어려울 뿐만 아니라 뇌의 기능 변화와도 관련이 있습니다.

2.
플래시백

얼음이 녹을 때

냉동된 기억(=트라우마)이 녹을 때 '오늘은 이 부분만 해동하자!'라고 선택할 수는 없습니다. 덩어리 전체가 함께 녹기 시작해서 모든 기억이 한꺼번에 되돌아오지요.

이 현상이 바로 플래시백입니다.

당시의 감각, 감정, 인지, 사고가 또렷하게 되살아나면 문제는 심각해집니다. 서둘러 다시 얼리는 수밖에 없습니다. 얼음이 재차 녹을 듯싶으면(플래시백이 일어날 듯싶으면) 또다시 냉동(회피·억압·해리)해야 합니다. 이런 식으로 해동과 냉동을 반복하는 것이지요.

플래시백의 방아쇠(트리거)로 작용하는 대상은 다양합니다. "늑대의 습격을 받고 나서 늑대 공포증이 생겼다."라는 사례에서는 명료하지만, 도저히 원인과 결과를 알 수 없는 불가사의한 때도 있습니다. 이는 트라우마 사건을 경험했을 때의 발달 단계와도 관련이 있습니다.

예를 들어 2세 아기가 몰티즈에 물렸다고 가정해 봅시다. 개 공포증이 생기진 않을까 걱정했으나 눈앞에서 도베르만이 지나가든 시바견이 지나가든 아기는 무서워하지 않습니다. '다행이다, 잘 넘어갔구나.'라고 안심하던 중 어느 날 아기에게 귀여운 토끼를 안겨 주려하니 기겁하며 무서워하는 모습을 보입니다. 왜 그럴까요?

몰티즈와 토끼는 하얗고 보드랍다는 공통점이 있습니다. 다른 개를 무서워하지 않았던 이유는 그 아기의 세계에 아직 '개'라는 카테고리가 형성되지 않았기 때문입니다.

가정 폭력을 보고 자란 아이는 어른이 토론하는 장면만 목격해도 공황 상태에 빠질 때가 있습니다. 토론하는 목소리 톤이 방아쇠로 작용하여 기억을 자극하는 까닭입니다.

때로는 긍정적인 체험이 방아쇠가 되기도 합니다. 예컨대 칭찬받는 일, 친밀감, 평화로운 분위기 등이지요. 성장 과정에서 거부당하거나 버려진 경험이 있는 아이는 오래도록 이어지는 관계를 쉽게 믿지 못합니다. 믿었던 사람에게 험한 일을 당한 적이 있다면, 누군가의 따뜻한 언행에서조차 숨겨진 의도를 찾으려 합니다.

무질서와 혼란 속에서 성장한 아이는 침묵을 견디지 못하기 때문에 다 같이 음악을 감상하는 자리에서 소란을 일으키기도 합니다.

트라우마의 세 가지 주요 증상

생사와 관련된 사건, 성폭력 등 강도 높은 트라우마의 후유증으로는 다음 세 가지 증상이 주로 나타납니다.

1. 재체험: 피해 당시의 기억이 무의식중에 되살아난다

과거의 기억처럼 떠오르는 것이 아니라 현실에서 벌어지는 듯 재체험하는 현상이 '플래시백', 수면 중에 나타나는 현상이 '악몽'입니다. 생각의 형태로 되살아날 때에는 '침입 증상'이라고 부릅니다. 평소에 사용하는 부분이 아닌 '자신'의 '외부'에 해리된 냉동고에서 들어오기 때문에 '침입'을 받는다는 느낌이 듭니다.

2. 회피·마비: 피해를 잊도록 감정이 마비된다. 따라서 회피 행동을 취한다

눈앞에 놓인 위험이나 혐오 대상으로부터 도망치는 행위를 '도피'라고 합니다. 이와 달리 '회피'는 위험 요소나 혐오 대상과 마주치지 않고자, 혹은 마주칠지도 모른다는 생각에 미리 피하는 행동을 뜻합니다.

트라우마를 일으키는 방아쇠(트리거)가 어디에 있는지 알 수 없으니 회피 증상으로 말미암아 행동에 제약이 많아질 수밖에 없지요.

심지어 위험을 피하고자 트라우마와 관련된 기억을 자신에게서 분리하기도 합니다. 그런데 트라우마 기억만을 분리할 수는 없으므로 그 주변을 떼어 놓고는 자신이 느끼는 다양한 감각까지 서서히 분리해 버립니다. 이것이 바로 '마비'입니다.

'봄이 왔네. 오늘은 날씨가 화창해서 기분이 좋다.'라든가 '아기가 정말 예쁘구나.'와 같은 사소한 계절감, 행복감, 애정 등의 감각과 감정을 상실하게 됩니다.

3. 과각성: 중도 각성 등 신경이 날카로운 상태가 지속된다

사람은 위기 상황에 놓이면 신경이 날카롭게 곤두서고 경계하는 반응을 보입니다. 이러한 상태가 지속하는 현상을 '과각성(過覺醒)'이라고 합니다.

잠들지 못하고 불안감과 초조감에 휩싸이고 사소한 일로 분노하거나 공격하는 등 과격한 반응을 보이며 도무지 집중을 못 하기도 합니다. 이는 집중력이 부족해서가 아닙니다. 지금 필요한 양 이상으로 들어오는 자극을 막지 못해 온갖 자극에 센서가 반응하기 때문에 한 가지 일에 집중하지 못하는 것이지요.

3.
'과거의 상처'를 치료하는 것이 아니라
'상처에 영향받는 현재'를 바꾸는 것

증상이라는 사실을 인식하자

아마 많은 분이 'PTSD (Post Traumatic Stress Disorder, 외상 후 스트레스 장애)'라는 병명을 들어 보신 적이 있겠지요. PTSD는 트라우마에 의한 전형적인 후유증의 하나로, 베트남 전쟁 귀환병들이 호소하던 정신적 문제를 계기로 질병 개념이 확립되었습니다. 귀환병들의 증상은 성폭력을 당한 여성들의 증상과 공통점이 있었습니다. 바로 '단일성 트라우마'라는 점입니다. 늑대에게 잡아먹힐 뻔한 빨간모자 역시 단일성 트라우마를 지니고 있지요.

그렇다면 '복합성 PTSD'라는 말을 들어 본 적이 있나요? 복합성 PTSD는 단일 사건이 아닌 학대, 가정 폭력 등 장기간에 걸쳐 만성적으로 되풀이되는 트라우마로 말미암아 생기는 증상입니다.

단일 사건에 의한 트라우마에서는 '재체험 증상', '과각성 증상'이 나타나는 경우가 많은 데 반해, 일상적으로 반복되는 트라우마는 특히 '마비'나 '해리'가 강하게 나타납니다. 마비는 '내가 느끼지 못하도록 하여', 해리는 '내가 당사자가 아닌 것처럼 분리하여' 나를 지키는 행동인데, 둘 다 임시방편에 불과하기 때문에 결과적으로 여러 장애가 발생합니다. 감정 조절이 어려워지거나 자학적인 행동을 보이기도 하고, 자기 이미지나 대인 관계에 얽힌 문제가 생기기도 합니다.

여기서 중요한 점은 이러한 장애가 '증상이구나!'라고 깨닫는 것입니다. 예를 들어 과거에 죽고 싶을 만큼 괴로운 사건이 있었다면 어느 날 문득 죽고 싶은 마음이 다시 복받쳐 오를 수 있겠지요. 그렇다면 과거에 죽고 싶었던 마음과 현재 죽고 싶은 마음, 어느 쪽이 더 클까요? 현재의 마음은 그때보다 작아지지 않았을까요?

죽고 싶었던 것은 '과거'이지 '현재'가 아닙니다. '현재 죽고 싶은 마음'은 말하자면 플래시백입니다.

저는 학대에서 살아남은 이들에게 "플래시백 때문에 죽으면 안 됩니다."라고 말합니다.

'과거의 상처'를 치료하는 것이 아니라 '상처에 영향받는 현재'를 바꾸는 것

'이게 증상이구나!'라고 깨닫는 것만으로도 어느 정도 마음의 안정을 되찾을 수 있습니다. 공포 등의 감정도 마찬가지지요.

'플래시백 주의!' 꼭 기억하세요(플래시백 대응법에 관해서는 5장 3절 참고).

한편, 트라우마 치료라는 말을 들으면 과거의 상처를 고치는 행위라고 생각하는 분이 있습니다. 심지어 과거에만 연연하면 무슨 소용이냐고 비판하는 분도 있습니다. 하지만, 이는 잘못된 생각입니다.

과거를 바꾸는 일은 불가능합니다.

회복이란 '과거의 상처에 영향을 받는 현재'가 바뀐다는 의미지요.

그렇다면 지금까지 소개한 증상 외에 '현재'에 영향을 미치는 또 다른 증상에는 어떤 것이 있는지, 사건 이후의 빨간모자를 예시로 살펴봅시다.

'세 개의 F'

1. 싸우다(Fight)

아주 무서운 일을 당한 빨간모자는 당시의 공포를 이겨 낼 수 있는 강인한 사람이 되어 위험에 맞서 살아가기로 합니다.

머지않아 자신의 고통을 뒤로한 채 비슷한 피해를 당하는 사람들이 생기지 않도록 과감히 나서서 싸우기 시작합니다. 그 싸움 덕분에 자신의 가까운 사람들을 폭력과 학대로부터 지킨다 하더라도 이 세상에는 상처받고 괴로워하는 많은 여성과 아이들이 있다는 사실을 깨닫습니다. 빨간모자의 싸움은 끝나지 않습니다.

2. 도망치다(Flight)

빨간모자는 위험으로부터 도망치거나 온갖 위험을 회피하며 살아가기로 합니다. 모르는 사람은 배척 대상이며 인간은 무서운 존재라고 생각하지요.

그리고 지금은 연구실에 틀어박힌 채 현미경을 들여다보며 묵묵히 미생물 연구에 매진하고 있습니다. 빨간모자는 식당에서 즐겁게 식사하는 것을 포함하여 모든 사람과의 접촉을 위험하다고 느낍니다.

물론 연구에 집중하는 일은 좋습니다. 다만, 이를 회피의 수단으로 이용하면 자신의 인생을 스스로 협소하게 만듭니다.

3. 경직되다(Freeze)

특히 아동에게 자주 나타나는 반응이나, 강도 높은 피해를 경험한 성인에게도 발생할 수 있습니다. 트라우마를 경험했을 때의 부정적인 생각이 그 사람의 중심 인지(스키마)가 되어 끊임없이 영향을 미치는 가혹한 패턴입니다.

빨간모자는 '어차피 나는 나쁜 일을 당하는 사람이야.', '나는 행

복해질 가치가 없어.'라는 생각에 사로잡
힙니다. 자신을 소중히 여기는 선택을 하
지 못하기 때문에 결국 자신에게 상처가
될 만한 사건에 자주 노출되고 맙니다.

그러면 '나는 아무런 가치가 없어.'라는
신념이 더욱 강해져 정신과적 증상이 쉽
게 발생하지요.

'프리즈(Freeze)'란 교감 신경과 부교감
신경이 동시에 흥분하여 액셀과 브레이크
를 함께 밟은 듯한 상태입니다. 따라서 자
율 신경계의 장애를 일으켜 심신증(심리적
인 원인으로 신체에 일어나는 병적인 증상 - 옮
긴이)도 나타나게 됩니다.

좀 더 편하게

'싸우는 것'도 '도망치는 것'도 잘못된
행동이 아닙니다. 위험에 직면했을 때 나
타나는 자연스러운 대처 행동이지요.

'경직되는 것' 역시 적의 위협으로부터
도망갈 여지가 없는 동물이 가사(假死) 상
태가 되어 위험을 넘기는 대처 행동의 하

나입니다.

하지만, 문제는 이러한 상태가 무의식중에 패턴처럼 지속하는 것입니다. 의식적으로 선택한 삶의 방식이 아니라 무의식적으로 상처의 영향을 되풀이하고 있다면 어떨까요?

좀 더 편하게, 힘을 빼고, 자신을 소중히 여기며 살아가는 편이 좋지 않을까요?

'과거의 상처'를 치료하는 것이 아니라 '상처에 영향받는 현재'를 바꾸는 것

4.
'지금·여기'를
풍부하게 만들다

커다란 과거와 조그만 지금

냉동 보존된 트라우마 기억을 가진 사람은 뇌에 과부하가 걸려 있는 상태입니다.

트라우마 기억은 언어로 쓰인 기억이 아닙니다. 영상, 감각, 소리 등으로 가득 찬 기억이지요. 컴퓨터를 떠올리면 이해하기 쉽습니다. 문자만으로 이루어진 텍스트 파일보다 영상이나 음성이 들어간 파일의 용량이 수십 배나 큰 것과 같지요.

뇌 속에 매일 사용하는 '작업대'가 있고 그 위에 '커다란 과거'와 '조그만 지금'이 올라와 있다고 상상해 보세요.

대용량의 트라우마 기억에 압박을 받아 '지금·여기'가 보잘것없이 작아져 있습니다. 작업대의 공간, 즉 '작업 기억(Working Memory)'이 줄어들어 ADHD (Attention Deficit/Hyperactivity Disorder, 주의력결핍 과잉행동장애)와 같은 상태에 쉽게 빠집니다. 성 피해나 범죄 피해 등 심각한 트라우마를 경험한 후 정리정돈을 못 하게 되는 현상은 이와 관련이 있습니다.

이런 경우에는 '지금·여기'를 조금이라도 키우는 것이 중요합니다. 그러면 상대적으로 '트라우마'가 작아지기 때문입니다. '지금·여기'를 의식할 수 있는 가장 쉽고 빠른 방법은 바로 호흡입니다. 복식 호흡을 하며 자신이 내뱉는 숨과 들이마시는 숨에 주의를 기울여 주세요. 또한, 명상과 휴식도 효과적입니다.

이에 반해 알코올, 약물, 도박 따위에 빠지거나 자극에 의존하는 행위는 '지금을 마비시키는' 수단입니다.

따라서 '지금·여기'를 풍부하게 만드는 다양한 방법을 익히는 것이 좋습니다. 춤추기, 노래하기, 악기 연주하기, 운동하기, …. 모두 '지금·여기'에 집중하는 작업입니다.

하지만, 휴식을 취하거나 신체를 사용하여 '지금'을 의식하기 시작하면 '내가 내 몸 안에 있어서 안심할 수 없다.'라는 느낌이 밀려오기도 합니다. 휴식을 취하는 동안 각성 수준이 떨어져 억압되

'지금·여기'를 풍부하게 만들다

어 있던 끔찍한 기억이 되살아날 수 있기 때문이지요. 이런 때에는
5 4 3 2 1 법• 등 '집중하며 휴식하는 법'을 추천합니다.

•• 5 4 3 2 1 법: 지금 여기에 보이는 것, 들리는 것, 느끼는 것을 처음에는 5개씩 소리 내어 말한
후 그다음에는 4개씩, 3개씩, 2개씩, 1개씩 말한다. 심리 치료사 이본 돌란(Yvonne Dolan)이 소
개한 외계 집중형 자기 최면 기법이다.

안전감을 장착하자

다음 페이지에서 한 가지 팁을 소개합니다. 자신이 마술사가 되었
다고 상상하며 이 방법을 연습해 두면 다양한 상황에서 활용할 수
있습니다.

특히 트라우마의 방아쇠(트리거)로 갑자기 혼란에 빠질 것 같을
때, 공포와 불안에 사로잡힐 때, 마음이 불안정하게 소용돌이칠 때
유용합니다.

- 여러분에게 가장 안전하고 안심이 되는 장소를 떠올려 보세요. 만약 '안전한 곳은 아무 데도 없다.'라고 느낀다면 마음이 차분해지는 장소를 떠올립니다. 아늑한 소파도 좋고 자연 속 공간도 좋습니다. 만약 도저히 생각나지 않는다면 좋아하는 색깔을 떠올리는 방법도 있습니다.

- 오른손잡이라면 왼손을, 왼손잡이라면 오른손을 내밀고 마음속에 떠올린 장소나 색깔의 이미지를 손바닥에 올린 후 가만히 느껴 봅니다. 그리고 한 단어로 키워드를 만듭니다. 예를 들면 '쿠션', '산들바람' 등이 있습니다.

- 이미지 속에서 키워드에 어울리는 색상의 얇은 손수건을 꺼내 주세요. 그 손수건으로 여러분이 떠올린 안전한 장소(마음이 차분해지는 장소)의 이미지와 키워드를 감쌉니다.

- 빈손에서 손수건을 꺼내 보이는 마술사는 손가락에 낀 골무 안에 손수건을 감춰 두고 있습니다. 여러분도 골무를 끼운 것처럼 손수건과 안전한 장소의 이미지를 엄지손가락에 슬쩍 숨겨 둡시다. 그다음에는 엄지손가락을 꽉 쥐고 키워드를 되뇌면서 안전한 장소의 이미지와 잘 섞어 줍니다.

- 방아쇠를 만났을 때, 마음을 가라앉히고 싶을 때 엄지손가락을 손바닥으로 꼭 쥐어 키워드를 확인합니다.

- 이 방법을 사용하면 사용할수록 결합력이 강해져서 우리 몸 안에 안전감을 장착할 수 있습니다.

5.
말로 표현하는 것의
의미

안전과 안심 속에서의 재체험

트라우마는 말로 표현하기 어려운 기억입니다.

트라우마를 체험한 그 순간, DNA에서 m-RNA가 방출되고 단백질이 합성되어 오감, 감정, 사고, 신체 상태 등 모든 것이 통째로 기억의 네트워크에 고정됩니다. 이것이 '냉동 보존'이라는 비유보다 현실에 가까운 모습입니다. 그리고 냉동된 기억이 녹으려면 통째로 '고정된 기억'을 말로 표현하여 '이야기 기억'이라는 형태로 정리할 필요가 있습니다.

다만, 빨간모자가 "할머니 병문안을 갔더니 늑대가 입을 쩍 벌리고 저를 잡아먹으려고 하기에 간신히 도망쳤어요." 하고 감정 이입 없이 사실만을 이야기해 봐야 기억은 여전히 냉동된 상태입니다.

아니, 오히려 강제로 진술을 시키는 사람이 있거나 어렵사리 이야기를 꺼냈더니 "말도 안 돼!"라며 믿어주지 않거나 혹은 "멍청하게 당하는 사람이 잘못이지."라고 비난한다면, 트라우마를 두 번 겪는 셈이나 다름없습니다. 비판도 비난도 하지 않고 안전과 안심이 보장된 환경에서 이야기하도록 배려하는 것이 중요하지요.

상대방을 믿고 이야기를 꺼내는 데 성공하면 서서히 감정이 밀려올 수 있습니다. "그때는 정말 무서웠어요…." 하며 빨간모자가 바들바들 떨면서 눈물을 흘리고, 그럼에도 혼자가 아니라는 사실을 실감하고 교감하면서 이야기할 수 있다면, 뇌의 깊은 곳에 들어 있는 정동(情動, 분노, 두려움, 기쁨, 슬픔 등 비교적 빠르게 일어나는 일시적이고 급격한 감정의 움직임 - 옮긴이) 기억도 동요하며 변화가 일어나기 시작합니다. 이야기 기억으로 정리됐을 때는 구체적인 오감과 감정이 소화된 상태입니다. 이를 '트라우마 처리'라고 부릅니다.

그리고 '지금은 안전한 장소에서 힘들었던 과거의 이야기를 하고 있다.'라는 상태로 새롭게 고정됩니다. 즉, 트라우마 체험은 그때 그 상태로 얼어붙은 것이 아니라 '과거의 사건'으로 재편집될 수 있는 셈이지요.

기억은 늘 변화합니다. 이야기할 때마다 세부 내용이 변하거나 초점이 이동하거나 자신에게 부여되었던 의미가 바뀌기도 합니다. 트라우마 기억도 마찬가지로 편안한 장소에서 안전한 상대에게 여러 번 이야기하는 동안 그와 관련된 감정과 감각이 정리되어, 지금을 침식하지 않는 과거의 이야기 기억으로 바뀝니다. 그러므로 트라우마 기억을 말로 표현하고 글로 쓰는 연습이 매우 중요합니다.

감정에 이름을 붙이자

앞에서 살펴본 트라우마의 증상 중 '마비'가 있었지요. '마비'란 꼬집어도 아프지 않은 것처럼 '슬픈데 눈물이 나지 않는다.', '화를 내고 싶은데 화를 낼 수 없다.' 등 마땅히 느껴야 할 감정을 느끼지 못하는 기묘한 증상입니다. 감각과 감정의 마비는 '트라우마 체험'의 한복판에서 자신을 지키고자 나타나는 적응의 형태인데, 결과적으로 '자신의 감정'을 깨닫지 못하거나 '감정의 폭'을 가늠하지 못하게 됩니다.

예를 들면 '경직'되거나 '격분'하는 양극단의 행동을 취합니다. 스트레스 상황을 감정으로는 도저히 받아들이지 못하고 어떠한 계기가 생기면 난데없이 행동으로 반응하거나 스트레스를 신체에 쌓아 둡니다.

이렇게 극단적으로 흔들리는 감정을 어떻게든 조절하기 위해 알코올, 약물, 음식, 자해 등에 의존하는 때도 있습니다. 그러면 사태는 더욱 복잡해지지요.

또한, '좋다', '싫다'와 같은 흑백의 감정밖에 인지하지 못하고 '즐겁다', '기쁘다', '슬프다', '화난다' 등 다양한 색채를 띠는 감정의 폭을 상실하는 경우가 많습니다.

한 걸음씩이라도 좋으니 내 안에 풍부한 감정이 무수히 많다는 사실, 이 세상은 다양한 빛깔로 차 있다는 사실을 느껴 봅시다.

예를 들어 매일 일기를 쓰듯 '무슨 일이 있었는지?', '어떤 기분이 었는지?' 기록하는 방법을 추천합니다.

하루의 끝 무렵에 자신의 행동을 되돌아보며 '그곳에서 그렇게 반응한 건 좀 부적절했지.'라고 느꼈다면, 절대로 자신을 탓하지 말고 앞으로 어떻게 대처할지를 생각하세요. 비슷한 일이 일어나면 무작정 행동을 취하기 전에 심호흡하며 한 박자 쉬는 연습을 하는 것이지요.

이러한 연습은 가능하다면 누군가에게 도움을 받는 편이 좋습니다. 사건을 이야기한 다음 "그런 기분이었구나." 하고 확인을 받거나 한 박자 쉬어야 할 순간의 '신호'를 함께 정할 수도 있습니다.

또한, 파트너와 함께 감정을 살피는 연습을 하는 것도 좋은 방법입니다. 예컨대 3분간 되도록 많은 감정을 종이에 적은 후 그 감정을 느꼈던 사건에 대해 서로 이야기를 나눌 수 있겠지요.

감정에 이름을 붙이고 이해하며 자신의 마음과 행동을 '조절해 나가는 연습'은 훗날을 위해 큰 도움이 됩니다.

말로 표현하는 것의 의미

6.

도와 달라고
말할 수 있나요?

외톨이라는 감각

어떤 체험이 트라우마가 되었다는 말은 당시의 여러분이 '외톨이'
였다는 뜻입니다.

만약 그 자리에 다른 어른이나 형제가 있었더라도 그 순간만큼은
'외톨이'라고 느꼈기 때문에 트라우마가 되는 것이지요.

'외톨이'라는 감각이 트라우마 기억으로 '지금·여기'에 영향을 미
치고 있다면, 자신과 세계를 바라보는 가치관까지 크게 좌우합니다.

별다른 근거 없이 '아무도 도와주지 않아', '아무도 믿을 수 없어', '사람들은 죄다 배신자야'라는 생각에 사로잡힙니다.

여러분은 곤궁에 처했을 때 누군가에게 도와 달라고 말할 수 있나요? 어차피 소용없다고 지레 포기하지는 않는지요?

힘든 일이 있어도 가까운 사람에게 털어놓지 못하고 거리가 먼 타인에게 말하거나 혹은 내 불안을 이용하려는 상대에게 얘기하지 않나요?

안전하고 신뢰할 만한 사람과 마음을 터놓고 그 사람에게 도와 달라고 말하는 용기를 내는 것이 중요합니다.

재연 주의!

트라우마를 경험한 사람은 과거의 사건과 비슷한 행동을 반복하는 경향이 있습니다. 이를 트라우마의 재연(再演)이라고 합니다.

무슨 연유에서인지 자신을 학대하는 상대에게 접근하거나 아니면 반대로 자신이 가해자가 되기도 하지요.

두 경우 모두 '지배-피지배'의 파워 게임에 빠지기 쉬워 '나는 …', '남들은 …' 하고 부정적인 인식을 더욱 강화합니다.

그러므로 '재연'과 '파워 게임'에 빠지지 않도록 주의합시다.

관계는 한 걸음씩

안전하고 안정적인 관계를 맺는 연습은 비슷한 처지인 사람들이 모이는 자조(自助) 모임이나 시설에서 시작할 수 있습니다.

치료사, 지원자와 관계를 맺는 것도 안정적인 네트워크를 내 주위에 구축해 나가는 행동입니다.

처음부터 상대방의 모든 면을 믿어야 한다고 생각하거나 자신의 모든 부분을 상대방이 이해해 줘야 한다고 생각할 필요는 없습니다.

관계는 한 걸음씩 만들어 가는 것이니까요.

상대방을 조금씩 이해하고 나를 조금씩 알아가는 편이 좋습니다. 사람은 모두 똑같지 않습니다. 다양한 가치관과 생각, 행동 방식이 있지요. 서로 조금씩 이해한 다음 지금은 어느 정도의 거리가 적당한지 선택해 나갑시다.

그러려면 먼저 '나의 특색'을 알아야겠지요. 노력파, 겁쟁이, 다혈질, 삐죽이, 덜렁이, …. 나는 어떤 사람인가요?

주위에서 바라보는 여러분의 이미지와 일치하나요?

7.
미래의 안전을
확보하다

회복은 나선형 계단

프롤로그에서도 언급했듯이 트라우마는 중증 사례를 제외하면 '심리 교육', '자가 치료', '기술 습득' 세 가지 방법으로 회복할 수 있습니다. 즉, 다음 세 항목이 핵심이지요.

- 트라우마란 무엇인지, 현재에 어떤 영향을 미치는지 파악한다.
- 자신을 소중히 대하는 자가 치료 방법을 배운다.
- 살아가기 위한 여러 기술(감정 표현, 인간관계 등)을 익힌다.

회복은 안전이 확보되어야 비로소 실현 가능합니다. 그래야 피해 이후 상실된 자기 조절감과 자기 존중감을 얻고, 자신이 살아갈 방식을 스스로

미래의 안전을 확보하다

선택하며 인생을 즐길 수 있습니다.

회복은 일직선으로 나아가는 것이 아닙니다. '기억의 해동'은 안전이 확보된 후에야 이루어지지요. 조금 좋아졌다, 편해졌다고 생각한 순간 기억이 분출되어 혼란에 빠질 수 있습니다. 다시금 앞으로 나아가면 인생의 다음 과제가 나타나 또다시 일시적으로 힘들어질 수 있으며 그로 말미암아 과거의 증상이 되돌아오기도 합니다. 그야말로 나선형 계단이지요. 나아갔다가 잠시 물러서기를 반복하면서 '전체적으로는 좋아지고 있구나!'라는 사실을 느껴야 합니다.

또한, '재피해를 입지 않는 것'도 간과해서는 안 됩니다. 한번 피해를 입으면 똑같은 상황에서 사고가 정지하기 때문에 또다시 피해를 입을 우려가 있습니다. 재피해를 겪을 때 자신이 무시당하는 체험, 자신이 스스로 제어하지 못하는 경험이 더욱 축적됩니다. 따라서 대인 관계 기술을 익혀 재피해를 줄이면 회복에 큰 도움이 됩니다.

나를 소중히 여기는 사람과 만나기, 위험을 피하기, 나와 타인에게 100%를 요구하지 않고 적당한 선 유지하기, 타협점 찾기가 중요합니다.

재발에 대비하자

회복 도중에 과거의 증상(플래시백, 마비, 과각성 등)이 나타날 수 있습니다. 어떤 경우에 쉽게 재발하는지 알아봅시다.

■ 기념일 반응(Anniversary Reaction), 기일 반응

사건이 있던 날과 동일한 날, 한 달 중 동일한 날짜, 요일, 시간대에는 플래시백이나 기타 다른 증상의 재연이 일어나기 쉽습니다.

■ 스트레스를 받을 때

몸과 마음이 피곤하거나 큰 결단이나 걱정을 할 때 증상이 나타날 가능성이 큽니다.

■ 비슷한 감정을 느낄 때

과거와 비슷한 공포, 불안, 혼란에 직면했을 때 주의가 필요합니다.

■ 실연, 이혼 등 관계의 변화

지금까지 지속하던 인간관계를 잃거나 관계가 동요할 때 재연되기 쉽습니다.

■ 임신과 출산

심신의 변화 및 부모가 되는 데 따른 불안과 망설임 등 여러 스트레스로 말미암아 자주 불안정해집니다.

미래의 안전을 확보하다

■ 자녀가 '자신이 트라우마를 체험한 나이'가 되었을 때

자녀의 모습이 방아쇠가 되어 과거의 고통이 되살아날 우려가 있습니다.

재발 위험이 있을 때는 안전하고 안심할 만한 장소에서 지내고 절대로 무리하지 않으며, 가능한 한 마음을 터놓을 수 있는 사람과 함께 지낼 것을 추천합니다.

또한, 고통스럽더라도 '이건 증상의 재발이야.'라고 깨닫는 것이 중요합니다.

예전에는 외톨이였지만 '지금은 혼자가 아니라는 사실'을 떠올려 주세요.

자유를 손에 넣자

빨간모자는 그 후 어떻게 되었을까요?

친구들과 숲으로 여행을 가기로 계획했습니다. 지금은 자신이 가고 싶은 곳에는 어디든 갈 수 있으니까요.

가끔 사람들 속에 있으면 자신이 보잘것없이 느껴질 때도 있습니다. 그럴 때는 금빛으로 반짝이는 계란형 오라(aura)가 자기 주위를 둘러싼 이미지를 떠올립니다. 그러면 '나는 나를 지킬 수 있어.', '내 행동을 스스로 선택할 수 있어.'라는 자신감이 솟아오르지요.

진심으로 믿을 수 있는 친구, 함께 기쁨을 나눌 수 있는 동무들이

있습니다. 그럭저럭 원만하게 지낼 수 있는 지인도 있습니다. 물론 대하기 어려운 상대도 있습니다.

즐거운 일도 생기지만 실망스러운 일도 생깁니다. 서글픈 순간, 괴로운 순간도 찾아옵니다. 하지만, 이제 빨간모자는 인생을 즐길 수 있습니다.

2장

만성적 트라우마가
일으키는 증상

재해나 범죄 피해를 겪으면 '일상(日常)과는 다른,
즉 이상(異常)한 경험을 했다.'라는 자각이 듭니다.
하지만, 학대나 가정 폭력은 이러한 이상한 체험이 반복된 끝에
결국 일상이 되어 버립니다.
2장에서는 이러한 만성적 트라우마에 의한 'DESNOS' 증상과
트라우마를 배경으로 한 기벽(嗜癖)에 대해 살펴봅시다.

1.
늘대야
왜 그러니?

집을 부순 이유

빨간모자를 습격한 늘대는 동화 속 세계에 단골로 등장하는 악당입니다.

《아기 돼지 삼 형제》, 《늘대와 일곱 마리 아기 염소》에도 심술궂은 늘대가 나옵니다. 그리고 마지막은 꼭 호되게 혼쭐이 나거나 강바닥에 처박히는 신세가 되지요.

그런데 늘대는 왜 아기 돼지의 집을 부쉈을까요?

혹시 늑대에게도 남모르는 상처가 있는 건 아닐까요?

사실은 아기 돼지와 함께 놀고 싶어서 집에 들어가도 되느냐고 물었는데, 싫다고 거절당하자 화가 나서 그만 지푸라기 집을 날려 버렸을지도 모릅니다.

다음에는 둘째 아기 돼지에게 집에 들어가도 되느냐고 물었더니 "무서운 늑대가 나타났다!"하며 소리치기에 분노를 조절하지 못하고 나무집을 부순 것이라면 어떨까요?

어쩌면 이 늑대에게는 만성 복합성 트라우마가 있을지도 모르겠네요.

이상이 일상이 되었을 때

아이들은 성인과 달리 생사에 직결되지 않는 사건으로도 트라우마가 생길 수 있습니다.

양육자에게 신체적 학대를 당하거나 "넌 쓸모없는 아이야.", "태어나지 말았어야 했는데…." 등의 비난을 받으면 만성 트라우마가 됩니다. 아버지가 어머니에게 폭력을 휘두르는 장면을 목격할 때, 의식주를 비롯한 아이에게 필요한 관심과 보살핌을 받지 못할 때, 부모와 떨어져 지내거나 양육자와 양육 장소가 빈번히 바뀔 때, 이 모든 상황이 아이에게는 트라우마로 남습니다. 특히 성 학대를 받으면 심각하고 복합적인 트라우마에 시달리게 되지요.

또한, 어렸을 때 경험한 단 한 번의 괴로운 사건일지라도, 그 괴로움을 이해해 줄 만한 주변 환경이 갖춰져 있지 않으면 복합성 트라우마의 증상이 나타납니다.

성인도 일상적으로 가정 폭력을 당하거나 범죄 피해를 여러 번 겪을 때 복합성 트라우마가 생길 수 있습니다.

그렇다면 여기서 잠시 기본적인 배경을 살펴봅시다.

미국에서 PTSD 진단이 확립된 시기는 베트남 전쟁 이후입니다. 당시에는 베트남 전쟁에 이어 페미니즘 운동이 일어났는데, 남성 귀환병이 보이는 증상과 성폭력을 당한 여성의 증상이 비슷하다는 사실이 주목을 받았습니다. 그리고 배상이라는 사회적 필요성도 작용하여 진단 기준이 만들어졌습니다.

그런데 전쟁이나 일회성 성폭력처럼 시간상으로 구분이 명확한 트라우마와 만성화된 복합성 트라우마는 후유증의 성질이 다릅니다. 복합성 트라우마는 PTSD의 주요 세 가지 증상에 여러 다른 증상이 추가된 양상을 보입니다.

그렇다면 이 두 가지 트라우마는 본질적으로 어떻게 다를까요?

가령 한 번 발생한 재해로 말미암아 트라우마가 생겼다면 당사자 스스로 일상과는 다른 이상한 체험을 했다고 인지합니다. '나는 절대 이상하지 않다.', '그 재해가 이상한 현상이다.' 하고 생각하지요.

반면, 학대는 아무런 이유 없이 피해를 당하는 '이상한 체험'이 끊임없이 반복된 결과 일상이 되어 버립니다. 그러면 내가 이상한 건지 다른 사람이 이상한 건지 혼동되고 자신과 세계를 바라보는 가치관이 흔들립니다. 몸과 마음에 더욱 심각한 영향을 끼치는 셈이지요.

자기 조절이 불가능하다

유아기에는 부모 및 주위 사람과의 관계성에 의지하여 정서적 유대와 안정을 얻는 메커니즘, 즉 '애착(Attachment)'이 형성됩니다. 이 무렵 대인 관계에 생기는 상처 체험은 그 메커니즘에 심각한 타격을 입힙니다. 한마디로 '자기 통제 불가(자기 조절 장애)' 상태에 빠지게 되지요.

감정이 마비되었다가 심하게 고조되었다가 하며 높낮이 조절이 불가능해집니다.

사소한 일까지 선명하고 생생하게 기억하다가도 중요한 일을 깜빡 잊어버리는 등 기억을 조절하지 못합니다.

'모 아니면 도', '흑 아니면 백'으로 사고가 쉽게 극단으로 치우치기도 합니다.

침착하게 있지 못하고 마구 돌아다니거나 경직되어 꼼짝도 하지 않는 등 신체의 움직임도 조절할 수 없습니다.

이런 식으로 곳곳에서 불협화음이 생깁니다. 내가 나라는 자아감이 형성되지 않으며 내가 살아 있는 이 세계의 관점도 혼돈에 빠집니다.

유아기, 즉 몸과 마음이 한 사람의 개성을 향해 성장하고 발달할 시기에 만성 복합성 트라우마를 겪으면 신체와 관련된 조절 장애가 생기거나 중핵적인 인지(스키마)에 영향을 미치기 때문에 인격 형성에 심각한 문제를 가져옵니다.

길을 비추는 힌트

사실 만성 복합성 트라우마는 가정 폭력이나 아동 학대 등의 형태로 세상에 만연해 있습니다.

1990년대에 이미 PTSD가 진단명으로 확립되었지만, 전쟁이나 일회성 성폭력에서 비롯된 PTSD의 개념만으로는 만성적 피해를 겪은 사람들의 증상을 충분히 설명하지 못한다는 의견도 제기됐습니다.

미국의 정신의학자 주디스 허먼(Judith Herman)은 다수의 임상 사례를 통해 '복합성 PTSD'라는 진단 기준을 만들었고, 트라우마 연구의 세계적 권위자인 베셀 반 데어 콜크(Bessel van der Kolk)는 통계학적 기법을 이용하여 'DESNOS (Disorder of Extreme Stress Not Otherwise Specified)'라는 진단 기준 시안을 만들었는데, 두 기준은 매우 비슷한 형태를 띱니다(213쪽 참조).

DESNOS는 A부터 E까지 다섯 가지 증상으로 정리할 수 있으며, 만성 트라우마가 일으키는 상태를 이해하는 데 도움이 됩니다.

먼저 A는 감정과 각성의 통제 변화입니다. 만성적인 감정, 특히 분노 조절 장애, 자상과 자살 행위, 충동적이고 위험한 행동의 제어 장애가 이에 해당합니다.

B는 주의(注意)와 의식의 변화입니다. 건망과 해리가 여기에 속합니다.

C는 신체화, 즉 일종의 해리 증상입니다. 두통과 복통을 비롯한 전신의 통증도 포함됩니다.

D는 만성적인 인격 변화입니다. 자기 인식의 변화, 가해자에 대한 인식의 변화, 사람을 믿지 못하고 가해와 피해를 반복하는 대인 관계의 변화입니다.

마지막 E는 의미 체계의 변화입니다. 절망감, 희망의 상실, 예전의 자신을 지탱하던 신념의 상실입니다.

그리고 저는 하나 더, 광범위한 의미의 '기벽(중독)'을 추가해야 한다고 생각합니다. 여기에는 알코올 및 약물 중독뿐 아니라 이른바 과정 기벽(행위 및 행동 중독)도 포함됩니다. 섭식 장애를 비롯하여 쇼핑 중독, 인터넷 중독, 성(性) 중독, 폭력에 이르기까지 범위가 무척 넓습니다.

이러한 증상을 살펴보면 지금까지 사용해 온 다양한 진단명 - 해리성 장애, 신체형 장애, 신체화 장애, 경계성 인격 장애 등도 DESNOS로 설명할 수 있습니다.

이 증상들의 배후에는 만성화한 트라우마가 있는 게 아닐까라는 의문을 던질 수 있다는 뜻이지요. 말하자면 DESNOS는 회복의 길을 비추는 중요한 힌트입니다.

늑대야 왜 그러니?

그리고 한 가지 희소식이 있습니다. 앞으로 공표될 WHO의 국제 질병 분류 최신판 <ICD-11>에 복합성 PTSD 진단 기준이 새롭게 반영될 전망입니다. 구체적으로는 주요 세 가지 증상에 이어 ① 감정 조절 장애, ② 부정적인 자기 인식, ③ 대인 관계 문제가 추가됩니다. 그동안 인격과 행동 문제로 귀결되던 증상이 만성 복합성 트라우마의 영향이라는 사실을 인정받기까지는 대단히 오랜 시간이 걸린 셈이지요.

2.
DESNOS를
풀이하다

감정에 무슨 일이 생길까?

DESNOS의 A는 감정을 조절하지 못하고 위험한 충동과 행동을 통제하지 못하는 증상입니다. 그야말로 《아기 돼지 삼 형제》의 늑대의 증상이 이에 해당하지요.

감정은 자신의 상태를 깨달을 수 있는 중요한 신호입니다. 그런데 사실 자신의 마음과 행동을 파악하거나 조절하고 제어하는 것은 인간이 날 때부터 가지고 태어난 능력이 아닙니다.

아직 신경이 발달하지 않은 아기는 감정을 어떻게 조절하는지 모릅니다. 아기는 일단 울음을 터뜨리지요. 배가 고프거나 기저귀가 새서 울기도 하고, 별다른 이유 없이 울 때도 있습니다. 그리고 울음을 터뜨리면 주위 어른들이 욕구를 충족해 줍니다. 아기는 '괴로울 때 울면 되는구나.', '어른은 의지해도 되는구나.'라는 경험을 통해 학습해 갑니다. 이러한 생후 1~2년에 걸친 과정을 통해 자기 조정을 주관하는 신경이 발달하며 그 후에도 지속적으로 성숙합니다.

한편, 감정에 관해서도 깨닫기 시작합니다. 유아로 성장하는 과정에서 아이는 자신과 타인이 다양한 감정을 지닌다는 사실을 배웁니다. 어른은 어린아이가 방긋방긋 웃으면 똑같이 미소를 지으며 "기분이 좋구나.", "즐거운가 보구나." 등의 반응을 보입니다. 아이가 불쾌감을 태도로 드러내면, 똑같이 얼굴을 찌푸린 채 감정을 관찰하며 "속상하구나.", "심심했구나."하고 대답하지요.

이러한 '정동 조율'은 이를테면 피아노를 조율하듯 상대방의 소리(감정)에 자신의 감정을 공명하며 이름을 붙이고 감정에 '도레미파'와 같은 음계를 붙여 나가는 작업입니다. 아이는 무음(無音)을 유지하거나 모든 건반을 쾅쾅 두드리는 것이 아니라 자신의 멜로디를 느끼고 강약을 조절하며 연주하는 방법을 익힙니다. 그러려면 아이와 어른이 자연스럽게 공명하는 밀접한 관계가 필요하지요.

또한, 어른은 "세게 두드리면 안 돼."라고 행동의 범위를 가르치거나 우는 아이에게 "뭘 하고 싶은지 말해 보렴."이라고 묻기도 합니다. 이런 과정을 통해 아이는 행동을 조절하는 방법과 주변 관계 속에서 자신의 요구 사항을 적절히 성취하는 방법을 배우게 됩니다.

그런데 학대를 받으며 자란 아이에게는 무슨 일이 생길까요?

요구의 충족 여부는 오로지 어른의 기분과 형편에 따라 결정됩니다. 아이가 똑같은 행동을 해도 어느 날은 시끄럽다고 때리는가 하면 어느 날은 머리를 쓰다듬으며 칭찬하는 등 일관된 규칙이 적용되지 않습니다. 가만히 있다가 느닷없이 봉변을 당하는 일도 종종 벌어집니다.

그러면 아이는 자신의 감정과 행동을 스스로 조절하는 법을 배우지 못하고 '학대자'에게 조절을 위임해 버립니다. 감정과 충동을 억눌린 상태에서는 조절 능력을 기를 수 없는 까닭입니다.

아이가 성인이 되어 학대자의 그늘에서 벗어나면 그제야 비로소 깨닫습니다. 자기감정을 모르는 자신, 왜 이런 행동을 하는지 이해할 수 없는 자신, 나에게서 아무런 가치도 느끼지 못하는 자신을 말이지요.

나를 상처 입히는 이유

학대를 당한 아이는 감정을 억누른 채 성장합니다. 특히 분노라는 감정을 오랫동안 억압하고 있습니다. 그래서 막상 분노를 표출할 수 있는 환경이 되더라도 제어 능력이 말을 듣지 않습니다. 가까이에 있는, 자신을 공격하지 않는 누군가에게 폭발해 버리지요.

한편, 분노와 공격성이 외부가 아닌 자기 자신을 향하는 경우도 드물지 않습니다.

그렇습니다. 늑대는 누군가를 덥석 잡아먹으려고만 했던 것이 아닙니다. 자기 몸을 물어뜯고 발톱으로 할퀴는 일이 자주 있었습니다.

이러한 자상 행위는 심지어 아기한테서도 찾아볼 수 있습니다. 벽이나 바닥에 머리를 부딪치는 경우가 이에 해당하지요. 감정의 '도레미파'를 배우지 못한 채 성장한 탓에 내가 지금 슬픈 건지 외로운 건지 모르는 '욕구 불만' 상태를 주체하지 못하고 자상 행위를 되풀이합니다.

즉, 자상은 성장 과정에서 감정 조절 능력을 배우지 못한 사람이 자신이 느낀 불쾌한 감정을 어떻게든 스스로 조절하려는 시도라고 할 수 있습니다. 이러한 수단은 성장함에 따라 자기 손을 물어뜯고 몸을 할퀴고 머리카락을 쥐어뜯는 행위로 나타나다가 이윽고 도구를 사용하는 나이가 되면 손목을 긋고 약물을 복용하는 등 각종 위험 행동으로 발전합니다.

처음에는 불쾌한 감정을 조절하기 위한 수단이었으나 이것이 더욱 자신을 상처 입히고 자기 조절을 방해하여 상황을 악화하지요.

안전하게 비행하는 법을 배우자

학대를 받으며 자라는 것은 끝없는 곡예비행을 하는 것과 같습니다.

속속 나타나는 예측 불가한 장애물을 넘기고 학대자가 던지는 의미 불명의 지시와 자신이 하지 않아도 되는 명령에 따르면서, 무척 힘들긴 하지만 곡예를 하듯이 비행하는 수밖에 없습니다.

자기 의지에 따라 똑바로 날거나 계획대로 비행하다 보면, 갑자기 나타난 장애물에 충돌하거나 속력을 잃고 추락하기 십상입니다. 이 비행기는 위치 정보를 알려 주는 GPS 기기와 똑바로 나는 데 필요한 제동 장치가 없기 때문입니다.

따라서 회복 기간 초반에 무사히 목적지에 착륙하려면 지원자와 조력자가 잠시 모니터 역할을 해 주어야 합니다. 지금은 어떤 과제에 직면했는지, 회복 단계의 어디쯤 와 있는지 이따금 알리는 일이지요.

그다음 단계에서는 곡예비행이 아니라 안전하고 안정적인 비행법을 연습하는 것이 중요합니다. 지금까지 배울 기회가 없었을 뿐 앞으로 새롭게 배울 가능성은 무한합니다.

기억 조절

다음은 DESNOS의 B 증상인 '건망과 해리'입니다.

'건망'은 기억과 관련된 조절 장애입니다. 만성적인 트라우마에 시달리는 사람 가운데는 평소의 일을 습관적으로 잊어버리는 사람이 있습니다.

그런가 하면 사소한 사건도 빠짐없이 마치 영상처럼 선명하게 기억하는 사람도 있습니다. 특히 어린 시절의 일을 영상처럼 생생하게 기억하는 것이 특징인데, 이 기억은 성인이 되어서까지 지속합니다.

과잉 기억과 건망은 짝을 이루어 나타나기도 합니다.

과잉 기억은 플래시백을 제외하면 불편한 점이 적은 편이나, 건망은 생활에 지장을 가져옵니다. 깜빡깜빡 잊는 증상은 특히 트라우마 회복기에 나타나기 쉬우므로 중요한 약속과 일정은 꼼꼼히 메모하는 등 대책을 세워야 합니다.

다중 인격과 '초' 다중 인격

'해리'란 개인의 체험과 행동의 여러 요소가 '내 것'이 아닌 '남의 것'이 되어 버린 듯한 다양한 형태의 감각을 가리키는데, 그중에서도 특히 심각한 것은 이른바 다중 인격(해리성 정체감 장애)입니다.

한 사람에게 여러 개의 인격이 있다니, 언뜻 비정상적이라는 생각이 들지 않나요? 그런데 사실 여러 개의 인격을 가지는 것이 꼭 비정상이라고 할 수는 없습니다. 먼저 아이의 발달 단계부터 살펴봅시다.

아기는 여러 '인격 상태'가 단속적으로 교체하는 환경에서 살아갑니다. 이를 이산(離散)형 행동 상태라고 부릅니다.

실제로 태어난 순간에는 '깊은 수면'부터 각성도가 가장 높은 '통곡'까지 여섯 가지 상태만 존재하는 것으로 알려졌습니다. 태어난 직후부터 호흡과 영양 섭취가 시작되고 여러 감각과 양육자와의 감정 교류가 생기는데, 이러한 개개의 상태는 아직 완전히 연결되어 있지 않습니다.

예를 들어 아기가 TV를 빤히 보고 있을 때 누군가가 전원을 껐다고 가정합시다. 아기는 곧바로 아무 일도 없었다는 듯이 다른 데로 주의를 돌립니다. 조금 전까지의 나와 지금의 내가 연결되어 있지 않기 때문이지요. 배가 고파서 울다가도 젖을 물면 울음을 뚝 그칩니다. 그야말로 언제 울었느냐는 듯이 방긋 웃습니다.

하지만, 아기가 성장할수록 상황은 달라집니다. 세 살배기 아이는 TV를 열중해서 보다가 갑자기 전원이 꺼지면 성을 내거나 슬퍼합니다. 'TV를 보고 싶은 상태'가 지속한다는 뜻이지요. 우는 아이는 원인이 제거되어도 곧바로 기분이 좋아지지 않아 딸꾹딸꾹 훌쩍이면서 슬픔의 여운을 느낍니다. 다시 말해 '슬퍼서 우는 상태'가 남습니다. 상황이 변하자마자 감정이 전환되는 것이 아니라 더욱 세밀한 상태가 중간에 포함되는 것이지요.

이러한 자아 상태의 다양성, 환경 변화에 따른 상태의 부드러운 이행이 통일된 자아감을 형성합니다. 그리고 그 기초가 되는 것이 양육자와의 적절한 관계성 및 감정의 도레미파, 즉 정동 조율입니다.

한편, 해리는 트라우마로 말미암아 장벽이 생길 뿐 아니라 양육자와의 적절한 유대가 없었던 까닭에 유아기부터 자아가 발달하지 않은 채 조각조각인 상태를 유지하는 것으로 관찰됩니다. 적절한 유대가 없는 환경에서는 트라우마 사건이 일어날 가능성이 크며, 더구나 트라우마를 겪을 때 자아가 조각조각인 상태였다면 영향이 나타나기 쉽습니다.

이렇듯 발달 초기에 심각한 트라우마를 겪으면 인격 상태를 둘러싼 단단한 벽(해리 장벽)이 세워져 다른 인격 상태와 단절되어 버립니다.

요컨대 그동안 '다중 인격'이라고 불려 온 증상은 오히려 자아 상태가 다양하지 않을뿐더러 '이러한 나'와 '저러한 나'가 부드럽게 연결되지 않은 상태입니다. 그렇다면 이 증상이 없는 대다수 사람은 '초 다중 인격', 즉 수없이 많은 자아를 지니며 상황에 따라 수시로 상태를 오간다고 볼 수 있겠지요.

트라우마에서 회복되어 더는 해리의 필요성을 못 느끼게 된다는 말은 마음의 상태를 주체적으로 부드럽게 전환하는 방법을 배웠다는 뜻이기도 합니다.

자연스러운 신체 조절을 하지 못한다

DESNOS의 C 증상은 신체에 나타나는 조절 장애입니다.

천식, 과민성 대장염, 원인 불명의 동통(疼痛), 만성 피로 증후군 등은 자율 신경계와 면역계의 조절이 잘 이루어지지 않아서 나타나는 증상입니다.

학대를 받는 아이와 가정 폭력을 당하는 여성의 몸에서는 위기 상황에 대처하고자 교감 신경계가 흥분 상태인 한편, 해리가 일어나서 부교감 신경계도 자극되어 있습니다. 이는 액셀과 브레이크를 동시에 밟은 상태와 같아서 신체의 균형이 무너지고 맙니다.

자율 신경계의 조절을 위해서는 신체 중심의 접근법을 추천합니다. 일반적으로 '요양'이라고 부르는 방법이 효과적이지요. 온천까지 가지는 못하더라도 따뜻한 욕조 물에 몸을 푹 담그거나 지압과 마사지를 받으면 매우 도움이 됩니다. 물론 양질의 수면과 균형 잡힌 식사, 적절한 운동 등 규칙적인 생활을 유지하는 것도 중요합니다.

자신과 타인

DESNOS의 D는 자신과 타인 그리고 세계를 보는 관점과 가치관에 관한 증상입니다.

무언가를 자기 탓이라고 생각하거나 남의 탓으로 돌리려는 '귀속 (歸屬)'적인 사고를 비롯하여 그 밖에도 여러 가지 형태로 나타납니다.

'내가 나쁜 사람이야.', '나 따위 아무런 쓸모도 없어.', '난 보잘것 없는 존재야.', '난 타락했어.', '이런 내가 수치스러워…'

앞에서 트라우마 기억은 냉동 보존 기억이라고 했지요. 당시의 감정과 감각, 그 뿌리에 있는 견해와 생각(인지)이 여전히 생생하게 남아 있습니다. 자신에게 상처 준 가해자의 생각을 그대로 가지고 있기도 합니다. 어느 쪽이든 본래의 '있는 그대로의 자기 모습'이 아니라 트라우마 기억으로 왜곡된 거울에 자기 모습을 비추는 셈입니다.

동시에 타인도 왜곡된 관점으로 바라봅니다. 예를 들면 가해자의 행동이 잘못됐는데도 자신이 '그렇게 만들었다.'라고 생각하거나 가해자를 이상화(理想化)하는 것이지요. 한편, 친근하게 대해 주는 사람을 무서워하고 안심할 수 있는 상대에게 이유 모를 분노를 느끼며, 사회와 바깥세상을 두려워하고 신뢰하지 못합니다.

이렇듯 자신과 타인, 세계가 실제의 모습과는 다르게 보이는 탓에 안정된 관계를 키워나가기가 어렵습니다. 다른 사람을 아예 못 믿는가 하면 상대가 자신에게 함부로 굴도록 내버려 두기도 하고, 상대방에게 한계가 있다는 사실을 부인한 채 한없이 기대하기도 합니다.

이러한 과정에서 상처 입은 사람이 또다시 비슷한 피해를 당하거나 반대로 자신이 가해자가 되는 '트라우마의 재연'이 일어나게 됩니다.

살아 있는 의미

DESNOS의 E는 인생관과 세계관에 관련된 증상입니다.

지금까지 살펴본 괴로운 증상에 시달리는 늑대는 깊은 절망감에 사로잡혀 있습니다.

'아무도 도와주지 않아. 아무도 믿을 수 없어. 내 인생에 좋은 일이 생길 리 없어. 만약 좋은 일이 생긴다면 그건 불행의 전조에 불

과해. 이 세상은 배신과 악의로 가득 차 있어….'

이러한 생각과 감정은 트라우마 기억에 각인된 당시의 인식에서 유래하므로 그리 쉽게 바뀌지 않습니다.

하지만, 자신이 오랫동안 '왜곡된 거울'을 통해 세상을 바라보고 있었다는 것을 깨닫는다면 어떨까요? 그 거울을 내려놓는 편이 좋지 않을까요?

또한, '왜곡된 안경'을 억지로 쓰고 있었다는 사실을 깨닫는다면 어떨까요? 이제 그만 보기 어려운 안경은 벗는 게 좋지 않을까요?

서서히 내 미래의 모습이 보이고(멋진 모습도 힘든 모습도), 주위 사람이 현실의 크기로 보이고, 나의 인생과 이 세상이 다른 풍경으로 다가올지도 모릅니다.

기벽

또 한 가지, 만성 트라우마에 의한 중요한 증상이 있습니다. 바로 기벽(중독, 의존증)입니다. 알코올, 약물 중독 같은 물질 기벽과 섭식 장애, 도박, 대인 관계 의존 등의 과정 기벽이 있습니다.

기벽은 DESNOS나 PTSD의 증상과 밀접한 관련이 있습니다. 왜냐하면, 기벽은 스스로 조절할 수 없는 강한 감정을 외면하거나 진정시킴으로써 초반에는 자신의 각성 수준을 조절하는 데 도움이 되는 듯이 보이기 때문입니다.

평소에 주위를 경계하고 예민하게 행동하는 사람은 억제계 약물
(알코올, 항불안제 등)로 각성 수준을 떨어뜨리려고 합니다. 과식과 섹
스 중독, 전화나 SNS에 집착하며 늘 누군가와 이어져 있다는 위안
을 얻으려는 것도 각성 수준을 떨어뜨리려는 수단이지요.

반대로 마비가 강한, 즉 건망과 해리를 자주 일으키는 사람은 각
성계 약물(각성제 등)을 사용하거나 자상 행위를 반복하고, 강한 흥분
을 불러일으키는 위험 행동에 빠집니다.

이러한 행위들은 본래 자기 조절을 위한 시도였으나, 그 행위 자
체가 점점 악화하여 자신에게 해를 입히는데도 멈추지 못하는 조절
장애로 발전합니다.

사실 이러한 기벽 덕분에 트라우마의 후유증이 '미발현' 상태를
유지하기도 합니다. 중독 행위를 제거하면 트라우마 증상이 속속 나
타납니다. 하지만, 이는 결코 불길한 징후가 아닙니다. 이제야 겨우

본질적인 문제에 빚이 든 것이니까요. 다만, 곡예비행을 하던 비행기가 추락하지 않도록 지원자의 주의 깊은 관심이 병행되어야 합니다.

한편, PTSD 증상 자체에 의존하는 예도 있습니다. 플래시백을 일으키면 감정의 카타르시스를 느낄 수 있을 뿐 아니라 마약과 같은 물질이 분비되어 기분이 상쾌하고 편해지는 특성이 있기 때문입니다. 의존도가 높아지면 PTSD 증상은 만성화하고 대인 관계 속에서 일부러 플래시백을 일으키게 됩니다.

3.
나는 누구?

늦대는 반짝반짝 빛나는 새 거울을 보며 생각에 잠겼습니다.

'…여태까지 난 무슨 일을 해도 미움받는 천덕꾸러기라 생각했고, 나조차 그런 내가 싫었어. 살아갈 가치가 없다고 생각했지. 하지만, 나 자신한테 완전히 정이 떨어진 건 아니라서 지금 여기에 그럭저럭 살아 있어.

못나고 쓸모없고 누구한테도 사랑받지 못하는 내가 진짜 내 모습일까?'

늑대는 조심조심 배 주변의 털가죽을 잡아당겨 보았습니다.

그러자 무언가 움직였습니다. 엇, 뭐지? 이번에는 바들바들 떨리는 손으로 머리 가죽을 잡아당겨 보았습니다.

스르륵!

나라고 철석같이 믿었던 것은 다름 아닌 늑대의 인형 탈이었습니다.

'증상'이라는 인형 탈을 벗을 수 있었구나! 이제야 그 사실을 깨달은 '과거의 늑대'였습니다.

거울 속에는 조금 쓸쓸하고 당혹스러운 듯한 자신의 얼굴이 있었습니다. 지금까지 어른처럼 보이려고 허세를 부렸지만, 거울 속의 얼굴은 생각보다 어려보였습니다.

'나는 앞으로 어떤 길을 가고 싶은 걸까?'

…회복의 여정은 앞으로도 계속됩니다.

3장

트라우마에서 회복하는
일곱 가지 단계

사람은 살면서 어떻게 치유받고 성장해 나갈까요?
3장에서는 주디스 허먼과 메리 하비(Mary Harvey)가 소개한
회복 단계를 토대로 만성 트라우마로부터의 회복, 트라우마의 재연과
작별하는 방법에 대해 이야기 형식으로 설명합니다.

이번 장은

만성 트라우마에서 회복하기 시작한 늑대의 이야기가 전개됩니다. 늑대의 이야기를 따라가다 보면 주디스 허먼과 메리 하비가 제시한 회복 모델(다음 페이지 참조)을 단계별로 실감할 수 있습니다. 물론 곳곳에 [해설]도 추가했습니다.

회복은 사람과의 관계 속에서 일어나는 것입니다. 고독 속에 틀어박혀 있던 늑대는 회복의 길을 안내하는 선배, 그 길을 함께 걸어갈 친구들을 만나면서 일곱 가지 단계를 거칩니다.

그런데 여기서 한 가지 주의할 점이 있습니다.

늑대는 친구들을 만난 지 얼마 안 되어 자신의 경험을 털어놓는데, 여기에는 늑대가 이미 1, 2장에서 소개한 트라우마 '심리 교육'을 받았다는 전제가 깔렸습니다.

복잡하고 심각한 트라우마가 내재된 사람이 갑자기 여러 사람 앞에서 자신의 경험을 이야기하는 것은 위험할 수 있습니다. 그러므로 먼저 지원자와의 일대일 관계부터 시작하는 편이 안전합니다.

지원자는 트라우마 기억을 다룰 때 '안전과 안심'이 확보되어 있는지 반드시 확인한 후 '생활 지원'을 병행(가능하면 생활의 재건이 선행되도록)해야 한다는 사실을 기억해 주세요(이와 관련하여 자세한 내용은 5장에서 설명합니다).

그럼에도, 아무런 위험 부담 없이 회복과 성장을 기대할 수는 없겠지요.

자, 지금부터 용기 내어 한 발자국 앞으로 내디딘 늑대의 이야기를 들어 볼까요?

Column

《주디스 허먼의 회복 3단계》

① 안전과 안심의 확보

② 재체험(안심할 수 있는 관계 속에서 말이나 글로 표현하여 과거를 재체험한다.)

③ 사회적 재결합(사회적 유대를 형성한다.)

《메리 하비의 회복 7단계》

① 기억 상기 과정의 주체자

② 기억과 감정의 통합

③ 감정 내성

④ 증상 통제

⑤ 자기 존중감과 통일된 자아감

⑥ 안전한 애착

⑦ 의미의 도출

메리 하비의 회복 7단계는 주디스 허먼의 회복 3단계를 더욱 구체화한 모델입니다.

늑대, 빨간모자와 만나다

늑대는 깊은 숲 속에서 멍하니 걷고 있었습니다. 가끔 인형 탈 밖으로 얼굴을 내밀었지만 이내 불안감이 엄습하여 다시 뒤집어쓰기를 반복했습니다. 주변에서 바스락바스락 조그마한 소리가 들리기만 해도 소스라치게 놀라서 으르렁거렸습니다.

자신의 고통이 과거의 트라우마에서 기인한다는 사실은 이해했지만, 앞으로 무엇을 어떻게 해야 할지는 막막했습니다.

인생은 깜깜하고 뜻대로 풀리지 않는 일만 가득하다는 생각이 들었습니다.

그런데 그때, 건너편에서 즐겁게 재잘대는 목소리가 들려왔습니다. 친구들과 함께 걸어오던 빨간모자와 마주친 것이지요.

"늑대야, 안녕!"

빨간모자가 인사했습니다. 씩씩하고 여유로운 표정의 빨간모자는 회복을 향해 한 발자국 나아간 상태였습니다.

빨간모자와 친구들은 '숲의 현자'에게 찾아가는 길이라고 했습니다. 숲의 현자는 빨간모자와 친구들에게 삶의 지침을 제시하고 길을 안내하는 노인이었습니다.

빨간모자의 설명을 듣고 늑대도 현자의 집에 따라가기로 했습니다.

사실 빨간모자가 말을 걸어 몹시 당황한 데다 자신이 함께 가도 될지 불안하고 무서웠으나 그곳에 가면 무언가 변화가 생길지도 모른다는 기대감이 들었습니다.

1단계:

기억을 떠올릴지 말지 선택하는 사람은 나 자신:
기억 상기 과정의 주체자가 되자

"잘 왔구나."

숲의 현자는 늑대를 따뜻하게 맞이했습니다.

다른 친구들은 테라스에서 도란도란 이야기를 나누기 시작했지만,
현자는 늑대를 자신의 서재로 안내했습니다. 창밖에서 햇빛이 들어
오는 아늑한 방이었습니다.

"음료는 물, 민들레차, 우유가 있단다. 뭘 마시고 싶니?"

늑대는 당황하면서 물을 골랐습니다. '여기서는 내 희망을 들어주는구나! 내가 선택해도 되는구나!' 하고 놀란 마음으로 물을 마시자 가슴이 따스해지는 기분이 들었습니다.

"여기서 첫 번째로 배울 것은 기억의 재생 버튼과 정지 버튼을 스스로 누르는 연습이란다."

현자의 설명은 이어졌습니다.

…예를 들어 친구와 함께 걷고 있는데 맞은편에 호수가 보인다고 가정하자꾸나. 내 머릿속에 '그러고 보니 어렸을 때 호수에 빠질 뻔한 적이 있었지.' 라는 생각이 들었단다. 그런데 그때 친구가 하늘을 가리키며 "저 구름을 보니 크림 빵이 먹고 싶네." 하고 말을 건 거야. 그러면 나는 이제 어떤 행동을 할까?

호수에 빠질 뻔했던 기억의 재생을 멈추고 하늘을 올려다보며 친구와 구름 모양에 대해 이야기할 수 있겠지. 크림 빵보다 초콜릿 빵이 좋다는 얘기도 할 수 있을 거야.

아니면 "나는 호수를 보면 물에 빠질 뻔했던 기억이 떠올라." 하고 친구한테 옛이야기를 털어놓을 수도 있단다.

즉, 어떤 계기로 말미암아 떠오른 기억을 계속 재생할지 잠시 멈출지 스스로 선택하는 거야.

하지만, 트라우마 기억이 있는 사람에게 이건 결코 간단한 일이 아니란다.

일단 기억이 재생되기 시작하면 정지 버튼이 말을 안 듣기도 하고, 재생하고 싶어도 기억이 나지 않는 경우가 있거든.

늑대는 그야말로 자기 이야기를 듣는 듯했습니다.

사실 늑대는 플래시백 때문에 괴로워하고 있었습니다. 플래시백은 냉동 보존된 기억이 어떠한 계기로 말미암아 갑자기 해동되는 현상입니다. 과거의 사건이 오감을 동반하여 생생하게 되살아나 현실과 구별이 되지 않습니다.

이처럼 멈출 수 없는 기억에 압도되는가 하면, 자신의 일인데도 기억이 감쪽같이 사라지기도 합니다.

이것이 '증상'이라는 사실을 깨닫자 늑대는 마음이 조금 편안해짐을 느꼈습니다. 그리고 '만약 기억의 버튼을 직접 누를 수 있다면 정말 편해질 텐데.'라는 생각도 들었습니다. 더는 과거에 이리저리 휘둘리지 않아도 되기 때문이지요. 그렇다면 어떻게 해야 내가 재생 버튼과 정지 버튼을 누를 수 있는 걸까요?

…한 가지 방법은 '안전한 환경에서 기억을 재생하는 체험'을 여러 번 거듭하는 것이란다. 자, 이제 친구들이 있는 곳으로 건너가자꾸나. 다들 기억의 재생을 연습하고 있으니 곁에서 들어 보렴. 친구들의 이야기를 듣는 동안마음이 움직이면 이야기해도 좋고 그렇지 않으면 가만히 있어도 괜찮단다. 그럼 어떤 일이 일어나는지 한번 가 볼까?

괴로운 건 나 혼자만이 아니었다

친구들의 이야기를 들어 보니 이해할 수 있는 내용도 있고 이해하기 어려운 내용도 있었습니다. 하지만, 모두 힘든 일을 겪었다는 사실만큼은 마음에 와 닿았습니다. '나 혼자 힘든 건 아니었구나!'라고 깨달은 늑대는 자신의 경험을 이야기하기로 했습니다. 조심스레 기억의 재생 버튼을 누른 것이지요. 그러고는 어렸을 때 학대받았던 경험을 더듬더듬 말하기 시작했습니다.

그런데 이야기를 하는 동안 혼란스러워져 말이 두서없이 튀어나왔습니다. 갑자기 낯선 감각에 휩싸여 할 말을 잃고 그만 입을 다물어 버리기 일쑤였습니다.

문득 정신을 차리니 자신이 한참 시간을 붙잡고 있었다는 사실을 깨달았습니다.

'앗, 큰일이다. 어쩌면 좋지?'

당황한 늑대는 주위의 눈치를 살폈습니다.

'놀라진 않았을까? 화나진 않았을까? 난처해하는 건 아닐까? 분위기 파악도 못 하는 녀석이라고 싫어하는 건 아닐까?'

그러나 누구 하나 불쾌한 표정을 짓는 사람은 없었습니다. 그 자리의 모든 이가 따스한 눈길로 자신을 바라보고 있었습니다.

"용기 내서 얘기해 줬구나."

숲의 현자가 말했습니다.

어느새 눈물이 늑대의 두 뺨을 타고 흘러내렸습니다. 하지만, 왜 눈물이 나는지는 알 수 없었습니다.

마지막으로 숲의 현자는 늑대에게 숙제를 내 주었습니다.

그 숙제는 바로 '나의 안전을 지키는 것'이었습니다.

안전을 위한 체크리스트

현자는 이런 리스트를 건네주었습니다.

☐ 이 장소는 안전한가?

☐ 눈앞에 있는 사람은 안전한가?

☐ 지금 여기서 이 이야기를 해도 안전한가?

☐ 저곳으로 나가도 안전한가?

늑대는 집으로 돌아와 리스트를 보며 숙제를 하기 시작했습니다.

먼저 집 안을 둘러보니 오랫동안 내버려둔 부서진 창문이 눈에

띄어 곧바로 수리했습니다. 안전과 안심을 위해서입니다.

옛 친구 호랑이가 "숲 속 녀석들을 겁주며 놀자."라며 찾아왔지만,

귀를 막고 웅크린 채 문을 열어 주지 않았습니다. 역시 안전과 안심

을 위해서입니다.

문득 불안한 생각이 들면 현자의 집, 그 아늑한 공간을 떠올리며 심호흡을 했습니다. 늑대는 자기 내면에 안전과 안심의 공간을 만드는 데 조금씩 익숙해졌습니다.

해설

늑대는 왜 눈물이 나오는 이유를 몰랐을까요? 바로 자신의 체험에 감정의 이름표가 붙어 있지 않기 때문입니다. 감정을 인지하지 못하는 것은 트라우마 체험의 특징입니다. 비록 인지는 못 하지만 체험과 감정은 연결되어 있어서 눈물이 흐르는 것입니다.

한편, 트라우마를 겪은 사람 중에는 '해리성 정체감 장애', 즉 혼자서는 떠안을 수 없는 기억을 다른 인격 상태가 가질 수가 있습니다. 이때는 우선 인격 상태 간의 갈등을 해결한 후 트라우마 치료 전문가가 관여해야 합니다.

2단계:

과거의 고통을 이야기하다:

기억과 감정의 통합

숲의 현자와 약속한 날이 있다는 사실이 늑대에게는 무척 신기했습니다. 자신을 기다려 주는 사람이 이 세상 어딘가에 있으며, 그곳에 가면 빨간모자와 친구들도 만날 수 있습니다.

그렇게 생각하자 또다시 가슴이 따스해지는 동시에 이상하게도 조마조마하고 뒤숭숭한 느낌이 들었습니다. 지금껏 늑대는 누군가와 함께 있으면서 마음 편했던 적이 없었던 탓에 막상 안심할 만한 상황이 되니 조마조마해진 것이지요.

식욕이 전혀 없는 날도 있고 괜히 폭식하게 되는 날도 있었습니다. 도저히 잠이 오지 않는 날도 있었습니다. 그래도 하루하루 시간이 흘러 어느덧 약속한 날이 다가왔습니다.

이번에는 첫날보다 다른 사람들의 이야기가 귀에 잘 들어왔습니다.

고슴도치는 어렸을 때 찔린 마음의 가시로 아파하는 동안 그 가시가 점점 몸 밖으로 튀어나왔다고 했습니다. 다른 사람과 친하게 지내고 싶다는 마음은 굴뚝 같지만, 가까이 다가온 사람을 저도 모르게 가시로 찌른다고 고백했습니다.

'술고래'와 '약쟁이'도 있었습니다. 잠깐 눈을 붙이려고 술을 마시거나 마비된 감각을 되찾고자 약물을 사용해 왔다고 털어놓았습니다. 술고래는 어린 시절 학교에서 따돌림을 받았고 약쟁이는 마음과 관계가 단절된 집안에서 가족들의 고통을 받아 주며 자랐다고 합니다.

늑대는 지난번보다 조리 있게 과거의 이야기를 할 수 있었습니다. 하지만, 무슨 영문인지 내 이야기라는 생각이 들지 않았습니다.

매일 솟구치는 감정에는 뿌리가 있다

숲의 현자가 모두의 얼굴을 둘러보며 말했습니다.

"오늘의 주제는 기억과 감정의 연결이란다."

그리고 본격적으로 이야기하기 시작했습니다.

…나는 아주 옛날, 길을 잃었다는 느낌이 풍선처럼 둥실둥실 떠다니는 가운데서 살았단다. 그런데 그 풍선이 갑자기 팡 터지는 게 아니겠니. 걸어가고 있을 때 팡! 누군가와 이야기하는 도중에 팡! 하고 말이지.

지금 말로 하자면 풍선이 '펑'하고 터졌던 건 불안, 공포, 적의, 혼란, 의심, 절망, 분노, 불신, … 이란다. 하지만, 그땐 정체불명의 폭발이 왜 일어나는지 모르니 '이건 너무하잖아', '더는 못 참겠어.' 하고 생각했지.

호수에 빠질 뻔했던 일이나 곰에게 쫓겼던 사건이 어쩐지 남의 일 같았어. 분명히 그런 일이 있었다는 건 알고 있고, 그 당시의 고통 때문에 가슴이 탁 막히는 느낌도 들었지. 그런데 이상하게도 나한테 일어난 일이라는 생각이 들지 않았어.

…지금은 다르단다. "그때는 정말 힘들고 무서웠어."라고 말할 수 있으니까. 여러 번 입 밖으로 말하는 동안 그건 '나한테 생긴 일'이고, 더구나 '과거의 사건'이라는 사실을 이해하게 됐지.

매일 솟구치는 감정도 풍선처럼 둥실둥실 떠오르는 게 아니라 틀림없이 뿌리가 있단다. 예를 들어 어떤 일이 마음대로 풀리지 않아서 '실망했다.'라든가, 그 사람이 지금 어떻게 지내는지 '걱정이다.'라든가, 아니면 해결 방법이 떠오르지 않아서 '난처하다.'라든가…. 이런 감정이 어디에서 오는지 깨달은 거야. 그 후로는 정체불명의 폭발로 괴로워하는 일은 없었단다.

늑대는 현자의 말을 곱씹어 생각했습니다. 그러고 보니 지금까지 어디에서 온 건지 알 수 없는 감정에 한껏 휘둘리며 살아왔습니다.

그렇다면 그때는?

현자의 권유로 늑대는 다시 한 번 어린 시절의 이야기를 꺼냈습니다.

아버지에게 맞은 일, 그리고 굴욕적인 대우를 받았던 일….

"무서웠어요. 아팠어요. 서글펐어요. 나를 사랑해 주는 사람은 아무도 없다고 생각했어요."

늑대는 울면서 이야기했습니다. 여태까지 남 앞에서 우는 사람은 '부끄럽고 못난 녀석'이라고 생각했습니다. 하지만, 지금, 무섭고 서글퍼서 우는 자신은 결코 못난 녀석 같지 않았습니다. 동그랗게 둘러앉은 사람들 사이에서 우는 동안 두려움과 슬픔의 눈물이 어느새 안도의 눈물로 바뀌었습니다. 그리고 마지막에는 큰 소리로 엉엉 목놓아 울었습니다.

해설

다시 회상해도 '안전했다.'라고 느낄 수 있는 체험을 반복하는 동안, 과거의 기억과 관련된 감정이 되살아납니다. 특히 눈물을 흘림으로써 기억과 감정의 통합이 이루어집니다.

과거의 고통을 이야기하다: 기억과 감정의 통합

3단계:

내 마음을 받아들이다:

감정 내성

"감정은 신체의 상태를 나타낸단다."

현자의 가르침에 따라 늑대는 자기 몸의 감각에 주의를 기울이기로 했습니다. 가슴 언저리가 찡하거나 속이 더부룩하거나 등골이 뻐근할 때마다 '이건 어떤 기분이지?' 하고 곰곰이 생각해 보았습니다.

처음에는 '거북한 느낌'이라는 생각밖에 들지 않았지만, 조금씩 '이건가?' 하고 깨닫는 것이 있었습니다.

'놀랐어.', '무서워.', '외로워….'

숲의 현자에게 찾아가는 횟수가 늘어날수록 차츰 사람들 앞에서 자신의 감정을 말로 표현하는 데 익숙해졌습니다.

"어제는 폭풍이 불어서 여러분이 걱정됐어요."라고 말하거나, 숲의 현자가 구워 준 쿠키를 "고맙습니다."라며 받아서는 "정말 맛있네." 라며 눈을 동그랗게 뜨기도 했습니다.

괴로워도 울부짖지 마세요

한편, 지금까지는 미처 깨닫지 못했던 괴로움을 느끼기도 했습니다.

일례로 친구 중에서 가장 친하게 지내는 고슴도치의 사소한 한마디에 상처를 받은 것입니다. 고슴도치는 폭력을 휘두르진 않았지만, 말에 가시가 돋친 듯했습니다.

술고래와 약쟁이도 항상 불안정해 보여서 친구가 되어 주려는 건지 멀리하려는 건지 불안해질 때가 있었습니다.

그리고 웬일인지 빨간모자를 보고 있으면 마음이 싱숭생숭했습니다. 숲의 현자를 소개해 줘서 고맙다고 인사해야지, 라는 생각은 했지만 차마 입이 떨어지지 않습니다. 게다가 밝고 씩씩한 빨간모자를 보고 있으면 저도 모르게 짜증이 나고 부아가 치밀었습니다.

내 마음을 받아들이다: 감정 내성

늦대는 이 알 수 없는 울분을 숲의 현자에게 쏟아냈습니다. 여기는 나쁜 곳이다, 가르치는 방법이 잘못됐다고 소리친 후 "다신 안 올 거예요!"라고 울부짖으며 분풀이를 하기도 했습니다.

숲의 현자는 그때마다 이렇게 말했습니다.

"괴롭지? 많이 힘들지? … 그렇지만, 울부짖는 행동은 이제 그만두렴. 울부짖으면 울부짖을수록 더욱 괴로워진단다. 여러 감정 중에서도 특히 분노와 노여움은 그저 표출하기만 해서는 가라앉지 않아. 어떤 일 때문에 어떻게 괴로운지 표현을 찾아보아라. 그리고 누군가에게 조금씩 말할 수 있게 되면 좋겠구나."

자신의 감정을 알고 나면 타인의 감정과 타인의 행동이 일으키는 자신의 감정도 서서히 보이기 시작합니다.

처음에는 이런 감정에 휘말리고 자기 뜻대로 제어하지 못하기 때문에 괴로움을 느낄 때가 많습니다.

넘어지고 부딪히면서도 앞으로 한 걸음씩 나아가면 다음 사항을 성취할 수 있습니다.

- 과거의 감정과 '지금·여기'의 감정을 구별할 수 있다.
- 자기 안에 들어온 타인의 감정과 자신의 감정을 구별할 수 있다.
- 모순된 감정을 동시에 느낄 수 있음을 이해한다.
- '좋은 기분', '나쁜 기분'이라는 흑백의 상태 외에도 다양한 감정의 폭을 깨닫는다.
- 다양한 감정의 폭을 견딜 수 있게 된다. 이를 '감정 내성의 획득'이라 부른다.

4단계:

방아쇠를 깨닫다:

증상 통제

늑대가 현자의 집에서 돌아온 어느 날 저녁이었습니다. 그 일은 아무런 예고도 없이 찾아왔습니다. 집 안에서 아버지의 발소리가 들린 것입니다.

늑대는 재빨리 테이블 밑으로 들어가 머리를 감싸 쥐고 웅크린 채 부들부들 몸을 떨었습니다.

그러면서도 마음 한구석으로는 알고 있었습니다. …이건 현실이 아니야. 플래시백이야.

늑대는 마음을 진정시키기 위해 과거와 다른 점을 떠올리기 시작했습니다.

'나는 어린아이가 아니야. 이제 어른이야. 나는 혼자 살고 있어. 그러니 아버지가 여기에 있을 리 없어.'

하지만, 무언가 공통점이 있었으니 플래시백이 일어났을 터였습니다. 공통점, 즉 플래시백의 '방아쇠'로 작용한 것은 무엇이었을까요?

그 일이 벌어진 시간대는 밤이었습니다. 아버지가 돌아와서 어머니와 자신에게 폭력을 휘두른 날과 같은 밤이었지요. 그리고 바람의 영향인지 집에서 삐걱거리는 소리가 들렸습니다.

'그뿐일까…?'

늑대는 퍼뜩 깨달았습니다. 더 큰 방아쇠가 있었습니다. 현자의 집에서 그룹 활동을 할 때부터 시작된 듯했습니다.

늑대는 과거와 똑같은 기분을 느끼고 있던 것입니다. 바로 '아무한테도 말 못 해! 아무도 이해해주지 않아!'라는 마음속 외침이었습니다.

친구들과 있을 때 느끼는 답답함이 점점 커졌으나, 혼자서 끙끙 앓았을 뿐 그 누구에게도 털어놓지 못했습니다.

'아아, 그랬구나.'라고 깨닫는 순간 경직되어 있던 온몸의 힘이 사르르 풀렸습니다. 늑대는 다음에 친구들을 만나면 자신에게 있었던 일을 이야기해야겠다고 결심했습니다.

방아쇠를 깨닫다: 증상 통제

과거의 반복을 멈추기 위해

숲의 현자의 모임에서 늑대는 이야기했습니다.

상처받은 마음, 자신이 상대방에게 상처를 주지 않았을까 불안했던 마음, 걸핏하면 배신당했다고 믿는 습관, 친구들이 모두 나를 떠나는 건 아닐까 하는 걱정, 여러 이유로 분노를 느꼈던 일….

그리고 이런 모든 감정을 말해선 안 된다, 말하면 미움받는다, 어차피 이해받지 못한다는 생각으로 그동안 입을 다물고 있었던 일….

"이런 게 플래시백의 방아쇠가 되었다는 사실을 깨달았어요. 과거의 반복이란 이런 거였군요. 어쩌면 지금까지 플래시백을 일으키지는 않았지만 '누군가에게 나쁜 일을 당했다.'라거나 '나쁜 말을 들었다.'라고 느꼈던 체험이 과거의 반복이었을지도 모르겠다는 생각이 들었어요. 앞으로는 나 혼자 끙끙대지 않고 입 밖으로 꺼내 볼게요. 어떻게 되는지 불안하지만, 어쩌면 이상한 소리를 할지도 모르지만, 이제 더는 반복하고 싶지 않으니까요…."

눈물을 흘리는 늑대의 이야기를 모두 말없이 듣고 있었습니다.

증상이 완전히 사라지지 않더라도 걱정하지 마세요.

그보다는 증상이 나타났을 때 '이건 증상이야.'라고 깨닫는 것, 그 상황에 대처하는 것, 그리고 어떤 순간에 증상이 나타나는지를 대략 파악하고 미리 준비하는 것이 중요합니다.

'방아쇠(트리거)'를 찾는 이 작업은 회복이 진행되는 과정에서 중요한 시사점을 제공합니다.

플래시백이 일어나는 순간 외에도 공격적으로 돌변하거나 특정 문제를 회피할 때는 과거의 괴로운 체험과 공통된 '무언가'가 일어나고 있을 가능성이 큽니다. 그 무언가의 정체를 깨닫는 것은 매우 소중한 발견이지요.

플래시백의 대응과 예방에 관해서는 5장 3절에서 자세히 설명합니다. 지원자는 물론 당사자와 가족에게도 유용한 내용이므로 참고해 주시기 바랍니다.

5단계:

소중한 나의 가치를 인정하다:

자기 존중감과 통일된 자아감

　말을 모두 마친 늑대가 고개를 들었습니다. 두 뺨에는 눈물 자국이 남았지만, 얼굴은 환하게 웃고 있었습니다. 어딘지 모르게 후련한 표정이었습니다.

　그러자 박수갈채가 쏟아졌습니다.

　숲의 현자도 힘차게 박수를 보내며 칭찬했습니다.

　"늑대는 방금 대단한 일을 해냈단다. 아주 잘했어. 정말 장하구나!"

　누군가에게 칭찬을 받다니, 늑대에게는 처음 경험하는 일이었습니다. 늑대는 머리부터 발끝까지 새빨갛게 물들었습니다. 왠지 멋쩍으면서도 아주 뿌듯한 기분이 들었습니다.

현자는 그날 전원에게 숙제를 내 주었습니다.

다음에 모이는 날까지 '나의 장점', '내가 달성한 일', '나의 개선된 점'을 가능한 한 많이 써 오라는 숙제였습니다.

나의 가치를 깨닫다

이번 숙제에는 상당히 애를 먹었습니다.

늑대는 공책에 '나의 장점'이라고 제목을 쓰긴 했으나 계속 빈 종이만 노려본 채 아무것도 채우지 못했습니다.

나의 단점이라면 얼마든지 쓸 수 있을 텐데, 장점을 찾는 일은 참 어렵다는 생각이 들었습니다.

늑대는 하는 수 없이 '**내가 달성한 일**'을 먼저 쓰기로 했습니다.

▶ 숲의 현자에게 찾아갔다.

▶ 사람들 앞에서 내 경험을 이야기했다.

▶ 모두와 친구가 되었다. (아마도)

▶ 내가 말하지 못했던 감정이 플래시백의 '방아쇠'가 되었다는 사실을 사람들 앞에서 이야기했다.

'**나의 개선된 점**'은 1년 전의 자신과 반년 전의 자신을 떠올리며 써 내려갔습니다.

- ▶ 안전에 신경을 쓰게 됐다.
- ▶ 위험한 상대는 멀리했다.
- ▶ 꽤 오랫동안 눈물이 나오지 않았는데 이젠 눈물을 흘릴 수 있다.
- ▶ 나의 감정을 이해하게 됐다.
- ▶ 플래시백이 일어나도 곧바로 위험한 행동을 하지 않고 '지금·여기'의 현실로 돌아올 수 있다.
- ▶ 예전보다 나를 소중히 여긴다. (아마도)

여기까지 쓴 다음 '**나의 장점**'으로 돌아갔습니다. 늑대는 머뭇머뭇하며 끄적이기 시작했습니다.

- ▶ 꽤 노력하고 있다.
- ▶ 현자가 내 준 숙제를 열심히 하려고 한다.
- ▶ 용기를 낼 때가 있다. (못 낼 때도 있다.)
- ▶ 솔직해질 때가 있다. (솔직해지지 못할 때도 있다.)

'…잘 안 되네. 이런 걸 써도 될까?'하면서도 공책에 새롭게 한 줄 한 줄 적을 때마다 글자가 반짝반짝 빛나며 자기 안으로 들어오는 느낌이었습니다.

'노력하고 있다.'

'열심히 하려고 한다.'

'용기를 낸다.'

'솔직해진다.'

한 글자 한 글자가 자신의 일부로 자리를 잡은 듯해서 힘이 생겼습니다.

해설

트라우마가 있는 사람은 수치심, 죄책감, 자기 부정이 강하기 때문에 자신의 가치를 좀처럼 인정하지 못합니다.

우선 그날그날의 조그마한 발전을 찾아낸 후 노력하는 자신을 인정해 주세요. 그런 날들이 조금씩 쌓이다 보면 '나는 소중한 사람'이라는 느낌이 싹틉니다.

그런 다음에는 나의 약점과 단점을 포함하여 자신과 타인과의 '타협점을 찾는 과제'에 도전해 봅시다.

6단계:

관계를 구축하다:

안전한 애착

늑대는 친구들 사이에 있었던 일을 숲의 현자에게 솔직히 털어놓기로 했습니다.

우선 늑대는 다음과 같은 이야기를 했습니다.

▶ 고슴도치에게 불쾌한 말을 들어서 마음에 상처를 받았다. 고슴도치는 말을 가릴 줄을 모른다.

▶ 너무 불쾌해서 고슴도치의 모자를 물어뜯었다. 그런데 고슴도치가 울음을 터뜨리자 후회가 들었다.

▶ 술고래가 "참는 건 좋지 않아."라고 조언해 준 적이 있어 고슴도치에게 앙갚음한 것인데, 이번에는 "참는 것도 중요해."라고 말을 바꿨다. 술고래는 믿을 수 없는 사람이다.

▶ 약쟁이는 나를 무시한다. 그래서 나도 약쟁이를 무시했더니 빨간모자에게 주의를 들었다. 나 혼자만 비난받는 건 불공평하다.

▶ 빨간모자는 숲의 현자에게 특별 대우를 받는다. 그래서 다들 빨간모자한테 잘해 주고 칭찬하는 모습이 얄밉다.

고개를 끄덕이며 듣고 있던 숲의 현자는 천천히 입을 열었습니다.

…늑대 군은 얼마 전 과거의 반복에 대해 이야기했지? 그때보다 부드러워지긴 했지만, 지금의 이야기 역시 '과거의 재연'이라는 사실을 자신도 알고 있을 거야.

나도 한때 그랬단다. 내가 '피해자'가 되거나 '가해자'가 되는 건 재연이 일어났다는 신호지. '저 사람한테 ○○를 당했어!'라는 피해자가 되었다는 말이고, '그래서 ○○해서 갚았어!'라는 가해자가 되었다는 뜻이란다. 중요한 사실은 피해자도 가해자도, 그리고 이를 방관하는 사람도 되지 않는 거야. 삼각형 세 꼭지의 정중앙에 중심을 잡고 서는 것이지.

문제가 생겨도 관계는 깨지지 않는다

늑대는 숲의 현자와 함께 고슴도치에게 마음을 전하는 연습을 했습니다.

관계를 구축하다: 안전한 애착

"네가 불쾌한 말을 해서 나에게 상처를 줬어."라고 말하는 것은 상대방을 가해자로, 자신을 피해자로 만드는 화법입니다. 늑대는 현자를 대상으로 상대방을 원망하지 않고 자신을 주어로 설정하여 마음을 전달하는 방법을 열심히 연습했습니다. 그리고 고슴도치에게 이렇게 말했습니다.

"나는 입이 크다든가 엄니가 있다는 말을 들으면 상처받아. 이제 그렇게 말하지 않았으면 좋겠어. 하지만, 그렇다고 네 모자를 물어뜯은 일은 정말 미안해."

그러자 고슴도치는 대답했습니다.

"모자는 괜찮아. 나도 너한테 한 말이 계속 신경 쓰였어. 실은 가까이 다가가고 싶은데 나도 모르게 날 선 말을 던질 때가 있어. 앞으로도 비슷한 일이 있으면 지적해 줘."

늑대는 그 말을 듣고 안도하는 동시에 뛸 듯이 기뻤습니다.

지금까지는 친구라고 믿었던 상대와도 사소한 갈등이 생기는 순간 관계가 무너져 버렸기 때문입니다. 하지만, 고슴도치와는 앞으로도 쭉 친구로 지낼 수 있으리란 확신이 들었습니다.

사람은 모두 불완전한 존재

다음으로, 숲의 현자는 술고래를 서재로 불러 늑대와 셋이서 이야기를 나누었습니다.

"참는 건 좋지 않아."라는 술고래의 말은 고슴도치의 언사에 상처받은 늑대를 생각해서 건넨 조언이었습니다.

하지만, 늑대가 고슴도치의 모자를 물어뜯자 당황한 나머지 "참는 것도 중요해."라고 말한 것이지요.

숲의 현자는 진지한 표정으로 입을 열었습니다.

…선의로 한 말도 내 뜻대로 전달되지 않을 때가 있단다. 왜냐하면, 사람에게는 한계가 있으니까. 늑대 군, 모두가 자신을 위해 완벽한 행동을 해 줄 수는 없어.

어떤 사람이든 실수를 저지르지. 물론 나도 마찬가지란다.

게다가 사람의 기분이 항상 똑같은 건 아니야. 남에게 친절하게 대할 수 있는 날도 있지만, 남을 배려할 여유가 없는 날도 있거든.

늑대 군도 그렇지 않니? 그 일로 자신을 탓하거나 상대방을 비난하는 것이 아니라 '사람은 모두 불완전하구나…'라고 생각하면 마음이 편해진단다.

…갑자기 술고래가 엉엉 울음을 터뜨리자 늑대는 깜짝 놀랐습니다.

술고래는 어린 시절에 겪은 괴로운 사건 이후 '곤경에 처한 사람은 도와줘야 한다.', '잘못을 발견하면 고쳐야 한다.'라고 믿으며 살아왔습니다. 하지만, 실제로는 제대로 도와주지 못했거니와 세상은 잘못된 것투성이였습니다. 비참함, 분노, 절망에 빠져 술 없이는 하루

관계를 구축하다: 안전한 애착

도 버티지 못했습니다. 지금은 간신히 술을 끊고 사람들과 관계를 맺으며 조금씩 앞으로 나아가는 중이었습니다. 하지만, 뜻대로 되지 않는 일이 많아지자 자신을 책망하며 다시 술을 그리워하곤 했습니다.

그러던 와중에 "사람에게는 한계가 있어.", "사람은 실수하는 존재지."라는 현자의 조언이 마치 자신을 위로하는 말처럼 가슴에 와 닿았던 것입니다.

늑대는 집으로 돌아간 후에도 술고래의 눈물이 머릿속을 떠나지 않았습니다. 술고래가 하루하루 술을 마시지 않고 버티는 괴로움을 그제야 이해했기 때문입니다.

"술고래는 정말 대단하구나."

늑대는 중얼거리며 거울에 비친 자신의 인형 탈을 빤히 바라보았습니다. 커다란 입, 날카로운 엄니, 쫑긋 선 귀, 뻣뻣한 털….

'내가 좋아서 쓴 게 아니야. 그렇지만, 이 인형 탈은 오랫동안 날 지켜 주기도 했어. 술고래의 술과 똑같다고 해야 할까? 다른 사람에겐 무섭고 흉측해 보일지 모르지만, 내겐 익숙하고 애착까지 느껴지는걸. 하지만….'

여기서 두 가지 중요한 사실이 등장했습니다.

첫 번째는 '피해-가해 관계에 빠지지 않기'입니다.

학대를 받으며 자란 사람이 성인이 된 후 상습적으로 비슷한 피해를 입는 경우가 있습니다. 이때 '언제나 피해자가 되는 불쌍한 나 = 전부 상대방 탓'이라고 생각하면 향후에도 자신을 지킬 수 없습니다.

물론, 피해를 당했을 때 자책하지 않는 것도 매우 중요합니다. 폭력이나 성범죄의 책임이 '피해자가 아닌 그 행동을 저지른 상대에게 있다'는 것은 명백한 사실이며, 주변에서는 자신을 탓하는 피해자에게 "당신 잘못이 아니에요."하고 끊임없이 말해 줄 필요가 있지요.

다만, 어느 정도 자존감(self-esteem)을 확보한 후 성인기에 입은 피해를 상기하며 '내가 왜 그런 피해를 당했는지'를 되돌아보는 일은 장차 자신을 보호하는 실마리가 됩니다.

가령 해리가 일어난 사이에 습관적으로 위험한 성관계를 맺는 사람은 해리가 생기지 않도록 자신을 지키는 연습이 필요합니다.

그리고 두 번째는 자기 자신 및 타인과의 '타협점 찾기'입니다. 다시 말해 나와 타인은 한계가 있는 불완전한 존재이며, 나만 괴로운 것이 아니라 다른 사람도 괴로울 수 있다는 사실을 인식해야 합니다. 또한, 타인의 아픔을 이해하고 서로 보듬어 주는 관계를 체험해야 하지요.

이렇게 상대와 대등한 관계를 길러 나가는 노력을 해봅시다.

7단계:

인생이라는 이야기:

의미의 도출

어느 날. 늑대는 마침내 인형 탈을 전부 벗어 버렸습니다. 그리고 인형 탈의 털가죽을 바라보며 '이걸로 할 수 있는 일이 없을까?' 생각해 보았습니다. 그때 문득 최근에 약쟁이와 화해한 일이 머릿속에 떠올랐습니다. 약쟁이는 늑대를 일부러 무시한 것이 아니라 다른 세계의 무언가에 사로잡힐 때가 있어서 그렇다고 했습니다.

약쟁이는 다섯 가지 색으로 머리를 물들이고 어깨와 팔뚝에는 예쁜 문신까지 새겨 무척 화려하고 멋져 보였습니다. 그런데 늑대가

인생이라는 이야기: 의미의 도출

몸에 새긴 그림을 칭찬하니 "이건 약물에 손을 댔던 과거의 흔적이야. 돈을 모아서 깨끗이 지울 거야."라고 대답했습니다. "어떻게 돈을 모으려고?" 무슨 말을 해야 할지 몰라 그렇게 물으니 뜻밖에도 약쟁이는 자신이 손수 만든 액세서리를 선뜻 보여 주었습니다. 늑대가 약쟁이의 솜씨에 몹시 감탄하자 다음 날은 액세서리 디자인을 그린 스케치북도 보여 주었습니다.

그리하여 늑대는 약쟁이의 도움으로 몇 가지 힌트를 얻었습니다. 시행착오 끝에 인형 탈의 털가죽으로 쿠션과 휴대전화 고리를 만든 것이지요. 날카로운 엄니는 달 모양 펜던트로 재탄생했습니다.

만드는 데 너무 오래 걸려 늑대는 온종일 집 안에 틀어박혀 있어야 했지만. 완성했을 때의 뿌듯함은 이루 말할 수 없었습니다.

완성한 작품은 약쟁이와 함께 벼룩시장에서 판매했습니다.

늑대는 벼룩시장에서 번 돈을 들고 아기 돼지 삼 형제에게 찾아갔습니다. "지난번에 집을 부숴서 미안해. 사실 난 함께 놀고 싶었는데 너희가 무서워하는 게 속상해서 그런 짓을 저질렀어. 정말 잘못했어. 그때 쓰고 있던 인형 탈로 쿠션을 만들어 벼룩시장에서 팔았거든. 이건 내 마음이니 받아 줘."

아기 돼지들은 몹시 험상궂어 보이던 늑대가 알고 보니 이렇게 여린 모습이었다는 사실에 어찌할 바를 몰라 하면서도 쭈뼛쭈뼛 입을 열었습니다.

"네가 그렇게 얘기하니 받을게. 그렇다고 전부 용서한 건 아니야."

늑대는 용서받지 못해도 괜찮다고, 진심으로 사과의 말을 전한 것
만으로도 충분하다고 생각했습니다.

인형 탈로 여러 가지 작품을 완성했다는 내용은 '트라우마 체험과 회
복 체험을 타인에게 전달하는 것'만을 의미하지 않습니다.

'서바이버 미션'(트라우마로부터 살아남은 생존자가 트라우마에 시달리는 다
른 사람을 도와주는 일이 자신의 사명이라 생각하는 것)에 사로잡히지 않기
를 바라는 마음이 담겨 있지요.

종일 서바이버 미션에만 매달려 있는 나머지 정작 자신의 인생에 발
을 내딛지 못하는 경우가 많습니다.

회복이란 피해자도 가해자도 생존자도 아닌, 이러한 일반 명사로는
설명할 수 없는 '이 세상에 단 하나뿐인 나'에 도달하는 것입니다.

여러분이 회복 과정에서 누군가에게 과거의 트라우마를 이야기해야
만 다른 사람을 구할 수 있는 것은 아닙니다. 트라우마에서 살아남은
여러분의 몸짓과 음성, 여러분이 창작하는 노래, 연주하는 음악, 묘
사하는 그림이 사람들에게 메시지를 전달합니다.

여러분이 살아 숨 쉬는 것만으로도 충분합니다.

당신은 소중한 사람

아기 돼지가 깜짝 놀랐듯이 진짜 늑대는 팔과 다리도 가녀리고
힘도 연약했습니다. 지금까지는 '남을 위협하기 위해' 인형 탈을 쓰

고 있었지만, 앞으로는 '내 인생을 살아가고자' 힘을 쏟겠노라고 생각했습니다.

'식사를 거르지 말고 운동으로 몸을 단련하자…'

매일 다짐을 실천하는 동안 이 세상이 예전보다 또렷하고 선명하게 보이는 듯했습니다.

그런데 지금 늑대에게 한 가지 신경 쓰이는 것은 바로 빨간모자와의 관계였습니다.

어느 날 현자의 집에서 이야기를 나눈 후 다 함께 밖에서 시간을 보내기로 했습니다. 바람이 산들산들 불어오고 햇살이 따사롭게 비추는 날이었습니다.

늑대는 햇살 아래서 즐겁게 춤추는 빨간모자에게 다가가서 조심스레 말을 걸었습니다. 빨간모자는 천천히 뒤돌아보았습니다.

"날 이곳으로 데려와 줘서 정말 고마워. 사실… 너한테… 할 말이 있어."

그때 맞은편에서 햇살이 강하게 내리쬐어 빨간모자의 표정이 보이지 않았습니다.

'이 말을 하면 미움받을지도 몰라…. 미움받을까 봐 무서워. 하지만, 지금 말하지 않으면 평생 못 할 것 같아…'

"어렸을 때 빨간모자 널 공격한 사람이 바로 나야. 이미 넌 잊어버린 것 같지만, 난 처음 만난 날부터 계속 신경이 쓰였어. 그런데도 말을 꺼내지 못했어."

빨간모자는 아무 말이 없었습니다. 그래도 늑대는 말을 이었습니다.

"난 아무한테서도 보살핌을 받은 적이 없어. 근데 넌 누구에게서나 사랑을 받으니까 행복해 보였어. 분하고… 비참했어…. 그래서… 할머니로 변장해서… 병문안을 왔을 때…. 그때는 내가 정말로 잘못했어! 그리고 지금까지 입 다물고 있어서 미안해!"

태양이 구름에 가렸습니다. 빨간모자는 늑대를 똑똑히 바라보고 있었습니다. 빨간모자의 표정은 늑대가 예상했던 놀라움이나 혐오감과는 거리가 멀었습니다.

"알고 있었어."

빨간모자는 말했습니다.

"그때 난 많이 울었어. 잡아먹혀 죽을 거란 생각에 무서웠어. 하지만, 사실 너도 많이 슬퍼하고 무서워했잖아. 그땐 몰랐지만, 지금

인생이라는 이야기: 의미의 도출

은 잘 알아. 그래서 이제 늑대 네가 무섭지 않아. 넌 나의 소중한 친구야."

그 순간… 늑대에게는 이 세상의 의미가 바뀌었습니다. 바람, 햇살, 새의 노랫소리, 흔들리는 꽃과 풀 모든 것이 "너는 소중한 사람이야."라고 속삭이는 듯했습니다.

두 발로 걸어가자

이렇게 하나하나의 체험이 연결되어 인생이라는 이야기를 만들어 갑니다.

늑대는 평소에도 고슴도치와 자주 만났습니다.

술고래는 숲을 순찰하는 일을 시작했습니다. 약쟁이는 벼룩시장에서 선보인 작품을 계기로 액세서리 디자이너와 친분이 생겨 그의 일을 돕기로 했습니다.

"아주 사소한 일이지만 즐거워."

약쟁이는 어깨와 팔뚝의 그림을 지울지 말지 고민하는 중이라고 했습니다. 분명히 지우겠다고 마음먹었으나 디자이너도 멋있다고 칭찬을 해 주자 망설여진다는 것이었습니다.

다 함께 이야기를 나누며 현자의 집에 찾아가니 숲의 현자는 부재중이었습니다. 문은 열려 있고 서재의 책상 위에는 편지가 남아 있었습니다.

숲의 모든 친구에게

저는 여행을 떠나기로 했습니다.

이번 생이 다하기 전에 세계 곳곳의 아름다운 장소를 찾아가고

싶었거든요.

이제 여러분은 아무 걱정 없습니다. 앞으로는 자신의 두 발로 당당

히 걸어갈 수 있습니다.

혹시 고로운 일이 생긴다면 '숲의 현자라면 어떤 말을 해 줄까?'

라고 생각해 보세요. 그리고 그 말을 자신에게 들려주세요. 저는

언제나 여러분의 마음속에 머물러 있답니다.

여러분의 인생에서 벌어지는 사건들은 그것이 고로운 일이든 즐거

운 일이든 반드시 의미가 있습니다. 장벽에 부딪히더라도 그 의미

를 찾으며 앞으로 나아가면 틀림없이 빛이 보일 거예요.

이런저런 꿈도 생기겠지요. 누구나 혼자서는 할 수 없는 일이 많습

니다. 망설이지 말고 도움을 요청하세요. 자긍심을 가지고 앞으로

걸어가세요.

부디 멋진 하루를 보내기를!

그리고 그 하루를 차곡차곡 쌓아 멋진

인생을 만들어 가기를!

인생이라는 이야기: 의미의 도출

《트라우마와 애착의 상처》

최근 대규모 집단에서 따돌림의 문제성이 확인되고 있습니다. 사춘기까지 따돌림을 받은 경험이 있으면 훗날 우울 증상이 나타나기 쉽다고 합니다.

"아이가 따돌림을 받으면 트라우마가 됩니까?"라는 질문을 자주 받는데, 이에 대해 "네."와 "아니오." 두 가지 답변을 드릴 수 있습니다.

트라우마는 마음의 상처입니다. PTSD 진단 기준에 따르면 트라우마는 기본적으로 '생사의 갈림길', '중상', '성폭력'을 직접 경험하거나, 이러한 사건을 눈앞에서 목격하거나 혹은 소중한 사람이 경험한 이야기를 듣는 것이라고 정의되어 있습니다.

그렇다면 따돌림은 어떨까요? '모두 나를 무시한다. 내가 친구들 사이에 끼려고 하면 친구들이 슬그머니 피한다…' 즉, 생명을 위협받는 정도는 아니지요.

하지만, 그 아이에게는 '친구들이 슬그머니 피하는 장면'이 플래시백으로 반복된 결과, 사람들이 자신을 스쳐 지나가는 대수롭지 않은 상황조차 방아쇠로 작용하여 공황 상태에 빠지게 됩니다.

이처럼 어른의 시각에서는 별것 아닌 일이 아이에게는 '트라우마 수준의 영향'을 일으킬 수 있습니다. 발달 문제가 있는 아이라면 두말할 나위도 없지요.

그런데 그 이유는 무엇일까요? 아이는 혼자서는 살아가기 어려운 존재이므로 소중한 타인과의 관계가 매우 중요합니다.

'가정'이라는 아이가 벗어날 수 없는 개인 생활에서 맞닥뜨리는 부모와의 분리, 불안정한 생활환경.

'학교'라는 아이가 벗어날 수 없는 사회생활에서 맞닥뜨리는 교사의 질타와 따돌림….

이러한 상황이 아이에게 미치는 영향은 대단히 큽니다.

애착을 간단히 설명하면 '사람과 사람 관계의 생물학적인 측면'입니다. 애착은 감정 조절과 동일시, 자기 인지와 타인 인지에 지대한 영향을 미칩니다. 애착의 상처가 아이에게 트라우마 수준의 영향을 미치는 까닭은 바로 이 때문입니다.

DESNOS와 발달성 트라우마 장애의 증상은 애착의 상처와 트라우마, 양쪽에서 기인하는 경우가 많습니다.

《방어 행동과 자아 상태》

'내가 좋아서 쓴 게 아니야. 그렇지만, 이 인형 탈은 오랫동안 날 지켜 주기도 했어….'

늑대의 '인형 탈'과 '인형 탈을 쓰는 행위'는 정신 분석학 용어로 '방어' 또는 '방어 기제'라고 할 수 있습니다.

방어란 트라우마로 말미암아 생기는 자신의 부정적인 감정을 인식하는 대신에, 다른 수단 – 예컨대 '분노', '자상', '물질 남용', '과식', '해리', '칩거' 등을 이용하여 인지적·행동적으로 회피하는 행위입니다.

다른 시각으로 보면 어린 시절의 트라우마로 말미암은 자아 상태 간의 갈등이 원인이라고도 할 수 있지요.

인생이라는 이야기: 의미의 도출

부모에게 폭력을 당한 아이는 자기 내면에 그 부모를 하나의 '부분'으로 집어넣습니다. 그리고 폭력을 휘두르는 이 '부분'은 자기 내면의 다른 자아 상태가 주로 지닌 '슬픔'과 '고통'의 인식을 피하고자 튀어나옵니다. 자아 상태 간의 '감정 공포'라고도 할 수 있는 상태지요.

도피적이고 방어적인 각종 문제 행동이 이와 같은 메커니즘을 기반으로 발생합니다.

'늑대의 인형 탈'은 아이 안에 생긴 상반된 자아 상태를 배경으로 특정 감정을 회피하려고 '뒤집어쓴' 방어 반응인 셈입니다.

4장

재해 트라우마의 특징과
신체 중심 접근법

지역 전체에 갑자기 닥쳐온 재해.

현지 주민들에게는 무슨 일이 벌어질까요?

지원자들은 어떤 상황에 직면하게 될까요?

4장에서는 재해로 말미암은 트라우마의 특징과 회복 과정,

그리고 신체를 이용하는 유효한 접근법에 대해 생각해 봅시다.

이번 장은

앞 장에 이어서 이야기 형식으로 진행됩니다.

주인공은 오랜 시간이 흘러 어른으로 성장한 빨간모자입니다. 마찬가지로 어른이 된 늑대도 등장하지요.

숲 마을에 재해가 발생하자 빨간모자와 늑대는 지원자로 활동하게 됩니다. 피해를 입은 공동체에 무슨 일이 일어나는지, 회복을 위해서는 무엇이 필요한지, 그리고 지원자의 이차적 피해와 트라우마를 치유하는 신체 중심 접근법에 대해서 알아봅니다.

어른이 된 빨간모자

빨간모자는 숲을 떠나 시내에 있는 대학에 다녔습니다. 졸업 후에는 시내 병원에서 근무하며 많은 환자를 만났습니다.

시간이 한참 흐른 다음 빨간모자는 숲 마을로 돌아가기로 했습니다. 마을에서 작은 상담소를 열기로 한 것이지요. 어느덧 엄마가 된 빨간모자는 번잡한 시내에서 벗어나 평화로운 숲 속에서 아이들을 키우고 싶은 마음도 있었습니다.

빨간모자의 상담소는 마음이 지치고 상처 입은 사람들의 휴식처가 되었습니다. 바쁘지만 보람찬 나날이 순식간에 지나고 몇 년 후 어느 여름날의 일이었습니다. 이 지역에 대규모 산불이 발생했습니다.

시작은 벼락이었습니다.

벼락이 떨어지자 자연 발화가 일어나 건조한 공기 속에서 수목들이 불타기 시작했습니다. 숲에서는 불기둥이 치솟았습니다. 빨간모자가 사는 마을은 바람의 반대 방향에 위치해 화재를 면했지만, 이웃 마을은 불길에 휩싸였습니다.

빨간모자는 예삿일이 아님을 직감했습니다.

'내가 도울 수 있는 일이 없을까?'

빨간모자는 지원 활동에 나서기로 했습니다.

PART 1.

숲 마을에 무슨 일이 생겼나:
재해 스트레스와 공동체에의 영향

경계 마을

숲에서 발생한 화재는 쉽사리 가라앉지 않았습니다. 이웃 마을은 강풍의 영향으로 즉시 피해가 확산되었습니다. 불길이 마을 북쪽을

휩쓴 다음에야 기적처럼 비가 내려 진화됐고 덕분에 마을 남쪽은 피해를 무사히 넘길 수 있었습니다.

마을은 화재로 말미암아 그야말로 두 동강이 나 버렸습니다.

북쪽에 있던 민가 대부분이 전소하고 사망자가 다수 발생했으며 면사무소까지 불타 없어졌습니다. 송전선과 저수지도 화마가 휩쓸고 간 바람에 마을 전체의 일상이 마비됐습니다.

북쪽 주민 대다수는 마을 남쪽의 초등학교로 피신했습니다.

대피소를 방문한 빨간모자는 화재 현장에서 목숨 걸고 탈출한 사람들을 목격했습니다. 화상을 입은 사람, 가족을 잃은 사람, 집이 타 버린 사람…. 멍하니 주저앉은 사람도 있고 분주하게 일하는 사람도 있었습니다. 남쪽 주민들은 밥을 지어 나르거나 행방불명자 수색에 나섰습니다. 인근 마을과 시내에서도 지원자가 속속 찾아왔습니다.

이재민 간의 따뜻한 격려와 협조, 한정된 구조 물자를 양보하는 모습이 곳곳에서 눈에 띄었습니다.

보이지 않는 경계를 넘어

대피소에서 생활하는 사람들이 그다지 낙담한 기색 없이 씩씩하게 행동한다는 점이 빨간모자에게는 뜻밖이었습니다.

"도와드릴까요?" 하고 물어도 "괜찮아요, 저보다 힘든 사람들을 도와주세요."라고 대답하는 것이었습니다. 서로 배려하는 모습에 빨간모자는 깊이 감동했습니다.

한편, 잔뜩 위축되어 주위 사람과 말 한마디 섞지 않는 사람도 있었습니다. 이런 사람이야말로 지원이 필요했습니다. 하지만, 스스로 지원을 요청하지 않는 사람이나 망연자실해 있는 사람에게 지나치게 접근하는 것은 좋지 않습니다. 빨간모자는 병원과 상담소에서 내담자를 기다리는 일과 재해 현장에서 직접 맞닥뜨리는 일과의 차이에 당혹감을 느꼈습니다.

더구나 빨간모자는 자신이 사는 마을과 대피소를 매일 왕복하며 이루 말할 수 없는 충격을 느꼈습니다. 그 충격은 천천히 다가오면서도 복부에 펀치를 가하는 듯했습니다.

빨간모자가 사는 마을에서는 지극히 평범한 일상이 이어졌습니다. 가족이 있고 따뜻한 식탁이 있었습니다.

반면, 집을 나와서 처참하게 타 버린 숲을 지나 이웃 마을 대피소로 가는 길에는 잿더미로 변한 북쪽 마을이 기다리고 있었습니다. 중앙 광장을 빠져나가면 표면상으로는 무사해 보이는 남쪽 마을이 나타났습니다.

빨간모자네 마을과 이웃 마을은 분명히 땅이 이어져 있는데 마치 다른 세계에 속한 느낌이었습니다. 집에서 대피소까지 가는 동안 보이지 않는 경계가 여러 겹 둘러싸인 듯했습니다.

그 경계를 오가는 자신은 어느 세계에 속하는지 혼란스러웠고 주변의 모든 것에서 떨어져 나온 듯한 불안감에 휩싸였습니다.

대피소로 향하는 동안에는 내내 긴장의 끈을 놓지 않았지만, 하루를 끝마치고 집으로 돌아가는 길에는 저도 모르게 눈물을 흘리곤 했습니다.

안타까움 속에서

'오랜 기간 지원이 필요해.' 이렇게 생각한 빨간모자는 상담소 한편에 지원 물자와 기부금을 모으는 공간을 마련했습니다.

예전에 빨간모자와 함께 회복의 길을 걸었던 친구들도 자선회를 열고 주위에 도움을 요청하며 활동하기 시작했습니다.

그중에서도 늑대가 가장 열정적이었습니다. 늑대는 빨간모자가 시내 대학에 진학한 이후 모임을 주도해 왔습니다. 새로 참여한 어린 친구들이 믿고 따르는 존재가 된 것입니다. 늑대는 이웃 마을 아이들이 얼마나 고통스러운 시간을 보내고 있을지 무척 걱정되어 빨간모자와 함께 대피소를 찾아갔습니다.

먼 지역에서 다양한 직종의 사람들이 팀을 꾸려 재해 지역을 찾아오고, 자원봉사자도 대거 몰려들었습니다. 그런데도 '정말로 도움이 필요한 사람에게 지원이 돌아가고 있을까? 우리가 하는 일이 얼마나 도움이 될까?'라며 지원자들은 안타까운 마음을 떨쳐낼 수 없었습니다. 외부에서 찾아온 자원봉사자와 현지 직원 간에 마찰이 생기기도 했습니다. 정보가 제대로 전달되지 않아 의사소통에 혼선을 빚기도 했습니다. 현지 직원에게 외부의 도움은 무척 고마운 한편, 직종도 지원 수준도 천차만별인 봉사자들을 '교통정리' 하는 일은 대단히 피곤하게 느껴졌습니다.

대피소에서 생활하는 이재민 사이에서도 점차 보이지 않는 균열이 생기기 시작했습니다. 집이 전소해서 모든 것을 잃은 사람과 일부 재산이 남은 사람의 차이, 가족을 잃은 사람과 전원 무사한 사람의 차이, 아이를 잃은 사람의 주체할 수 없는 비탄….

북쪽 지구와 남쪽 지구 사람들 간에 복잡하고 미묘한 감정이 흘렀습니다.

집을 잃은 슬픔을 집이 불타지 않은 사람에게 고스란히 이해시킬 수는 없습니다. 집이 불타지 않은 기쁨을 집을 잃은 사람에게 표현할 수는 없습니다. 하물며 가족이 무사하다는 기쁨, 그리고 가족의 상실로 말미암은 충격과 슬픔을 어떻게 공유할 수 있을까요?

복구가 더디게 진행되는 가운데 사소한 일로 불만이 커지고, 별것 아닌 말 한마디가 싸움의 불씨가 되기도 했습니다.

숲 마을에 무슨 일이 생겼나: 재해 스트레스와 공동체에의 영향

《재해가 미치는 영향》

자연재해로 말미암아 다음과 같은 결과가 나타납니다. 직접적으로 피해를 입은 사람은 물론 재해 지역과 인근에 거주하는 사람에게 도 영향이 생깁니다.

- 소중한 사람과 사별한다.
- 생명의 위험에 직면한다.
- 재해 장면을 목격하고 공포를 느낀다.
- 재산을 잃는다.
- 직장을 비롯한 지금까지의 생활 터전이 사라진다.
- 주변과의 관계를 잃는다.
- 안전감과 안도감을 상실한다.
- 대피소 및 가설 주택에서 주거 환경 문제가 발생한다(추위, 더위, 협소한 공간, 사생활 침해 등).
- 구원 활동, 시체 수색, 복구 작업 등의 부담이 생긴다.
- 앞날이 불투명하다.

《스트레스 반응과 그 이후》

재해로 직접 피해를 입은 사람뿐 아니라 인근 주민까지 각종 스트레스 반응을 경험합니다. 예를 들면 우울 증상, 불안, 분노, 자신이 무사한 데 따른 죄책감, 수면 장애, 두통·무기력증·인후통·식욕 부진 등의 각종 신체 증상, 집중 곤란, 사고력 저하, 음주 및 흡연 증가, 고립 등이지요.

물론 이 중 대다수는 일시적인 증상으로 그칩니다.

일반 재해 조사 결과에 따르면 이재민의 75%는 사태가 진정됨에 따라 일상생활에 적응하고, 나머지 25%가 우울증, 불안 장애, 적응 장애, 물질 중독, 신체형 장애 등에 시달립니다(Norris F.H 외, 2009).

또한, 재해 이후 PTSD (외상 후 스트레스 장애)가 발병하는 비율은 이재민의 10% 전후라고 알려졌습니다.

《이재민과 지역의 회복 과정》

이재민이 일상생활을 되찾고 지역 사회가 기능을 회복할 때까지 일반적으로 다음과 같은 과정을 거칩니다.

● 영웅기(재해 직후)

많은 사람이 자신의 위험을 뒤로한 채 용기 있는 행동을 취합니다.

● 신혼기(1주일~6개월)

힘든 일을 겪은 이재민이 강한 연대감을 느끼고 서로 협력하며 위기를 극복해 나갑니다.

● 환멸기(2개월~1, 2년)

이재민의 인내가 한계에 다다릅니다. 지원이 미진한 점, 행정 서비스에 대한 불만, 주체할 수 없는 분노…. 싸움이나 음주로 말미암은 갈등도 자주 발생합니다. 같은 이재민이라도 처한 상황이 각기 다르므로 지역의 연대가 무너지기 쉽습니다.

● 재건기

재해 지역에 '일상'이 돌아오기 시작하고 이재민도 생활을 재건하는 데 집중하게 됩니다. 부흥에 대한 열기가 고조되는 한편, 이러한 흐름에 뒤처지는 사람도 생깁니다. 이를 '협상(鋏狀) 격차'라고 하는데, 처음에는 같은 시점에서 시작했지만, 가위를 벌린 모양처럼 점점 격차가 벌어지는 현상을 가리킵니다.

PART 2.
재해 트라우마와
치료

마음의 응급처치

재해 발생 후 1개월이 '급성기'라지만, 숲 마을은 1개월이 지나도 안정될 기미가 보이지 않았습니다.

대피소에서 생활하는 이들 중에는 '해리' 증상을 보이는 사람도 있었습니다. 주위에 관심을 잃고, 지금 일어나는 일이 현실임을 자각하지 못하며, 감정이 마비되어 자신이 세상에서 동떨어져 있는 듯한 상태입니다. '급성 스트레스 장애'라고 불리는 이 상태가 지속하는 동안에는 트라우마를 집중적으로 치료하기가 어렵습니다.

'재해 지역 전체가 줄곧 급성기에 머물러 있어!'

이렇게 생각한 빨간모자는 심리적 응급처치●의 원칙을 준수하면서 눈앞에 있는 이재민 한 사람 한 사람을 관찰하며 지원 활동을 벌이기로 했습니다.

잠을 못 자는 사람에게 마사지해 주고, 숲 생활에서 배운 약초의 지혜를 전수하고, 때로는 행정 절차를 설명하거나 대행하기도 했습니다. 임기응변으로 대처하면서 자연스럽게 흘러나오는 이야기를 듣고 감정을 파악하며 필요한 지원을 그때그때 판단하여 진행했습니다.

●● 심리적 응급처치(Psychological First Aid, PFA)
큰 재해나 사고 직후 이재민과 피해자에게 제공 가능한 심리적 지원 내용을 정리한 매뉴얼이다. WHO가 발행한 PFA의 한국어판은 한국 월드비전 및 한국정신건강사회복지사협회 홈페이지 등에서 제공한다.

지원자 교류부터

대피소가 된 초등학교 보건실에서는 양호교사와 스쿨 카운슬러가 활동을 시작했습니다.

불에 탄 병원 자리에는 가설 진료소를 세워 의사들이 남은 의료 용품으로 진료를 개시했습니다.

지원자 네트워크가 형성되자 빨간모자도 그 공동체의 일원이 되었습니다.

지원 규모는 더욱 확대되어 각지에서 잇따라 전문가가 모여들었습니다. 빨간모자의 상담소는 지원자들의 임시 숙박 시설 겸 모임의 장이 되었습니다.

업무와 관련된 정보 교환은 물론, 저녁에는 자연스레 교류가 이루어져 지금까지 알지 못했던 노하우를 배울 기회도 생겼습니다. 그중에서도 신체를 이용한 여러 기법은 지칠 대로 지친 지원자들에게 환영을 받았습니다. 각종 휴식 기법, 혈을 자극하는 기법, 지시봉으로 가리키는 한 점을 바라보는 기법, 신체의 좌우를 번갈아가며 자극하는 요법, 그리고 모두가 잘 아는 요가와 명상 등이었습니다.

이곳에서 배운 기법을 내담자에게 시도한 빨간모자는 그 효과에 깜짝 놀랐습니다. 문제 증상이 눈 깜짝할 사이에 좋아지는 사례가 있었기 때문입니다. 더구나 신체를 이용하면 자신의 경험을 이야기할 필요가 없으므로 내담자의 부담이 한결 줄어들었습니다. 대학에서 "트라우마를 언어화하는 것이 중요하다."라고 배웠으며 빨간모자 역시 이를 굳게 믿고 있었으나, 여태껏 경험해 보지 못한 새로운 세계가 펼쳐진 듯한 느낌이 들었습니다.

되살아나는 피해 체험

지원자 공동체의 소개로 빨간모자의 상담소를 찾는 내담자가 늘어났습니다. 그들은 빨간모자와는 반대 방향으로 경계를 넘어 찾아왔습니다.

내담자의 배경은 크게 두 종류로 나뉘었습니다.

우선 '다중 피해'를 겪은 사람들입니다. 집이 불타고 가족을 잃고 자신도 화상을 입는 등 다수 트라우마로 말미암아 전형적인 PTSD 증상이 나타났습니다. 이러한 사람들에게는 트라우마에 초점을 맞춘 기존의 치료법이 유효했습니다.

한편, 직접적인 피해를 입지는 않았지만, 재해를 계기로 트라우마 관련 증상이 나타난 사람도 있었습니다. 예를 들면 산불을 목격한 후 이런저런 스트레스가 발생하는 생활 속에서 숲이 타오르는 광경이 플래시백으로 일어나는 것이지요. 또한, 성폭력이나 따돌림 등 과거의 피해 기억이 생생하게 되살아난 예도 있었습니다.

이들은 모두 과거에 어떠한 트라우마를 경험했다는 공통점이 있었습니다. 증상이 복잡하기 때문에 치료 방법을 더욱 연구해야 했습니다. 트라우마 증상의 제거는 물론 주변과의 관계 형성과 생활 전반에 대한 지원이 필요했습니다.

PART 3.

아이들에게 미치는 영향:
'대피소 그룹'과 '자택 그룹'

늑대는 대피소에서 아이들의 모습을 관찰했습니다.

산불이 마을을 덮친 날 부모와 떨어져 있던 아이는 불안이 장기화하는 듯했습니다. 다만, 아기처럼 어리광을 부리거나 떼를 쓰는 등 '내면의 불안을 행동으로 표현할 수 있는' 아이는 그래도 회복이 빠를 것으로 예상했습니다.

더욱 염려되는 것은 부모나 형제·자매를 잃고도 아무 일 없다는 듯이 씩씩하게 행동하는 아이들이었습니다. 늑대는 기회를 틈타 이런 아이들에게 말을 걸고 함께 놀면서 관계를 형성해 갔습니다.

'놀이의 제공'은 여러 지원 활동 가운데서도 가장 위험 부담이 적고 효과적이라고 여겨집니다. 더구나 어렸을 때 상처받은 경험이 있는 늑대에게는 피해 아동들과 놀면서 부대끼는 사이에 자신도 치유되는 느낌을 받았습니다.

학교가 타지 않고 무사한 것이 이 마을에는 행운이었습니다. 선생님들이 피해 상황과는 관계없이 아이들을 공평하게 대하는 것도 매우 고무적이었습니다. 하지만, 선생님이 아무리 공평하게 대한들 아이들은 피해 정도를 통해 주위를 바라보았습니다. 아이들이 피해를 대하는 방식은 대피소에 있는 부모의 태도와 정확히 일치했습니다.

부모가 슬픔을 숨김없이 표현하는 집의 아이는 내면의 슬픔을 밖으로 표출하며 점차 제자리를 찾아가는 모습을 보였습니다.

부모가 타다 남은 집조차 보여주지 않고 과잉보호를 한 가정의 아이는 '대수롭지 않아. 괜찮아.'라는 듯이 사태를 부인하며 적응하려고 했습니다.

반대로 가족을 찾겠다는 일념으로 비참하게 타 버린 장소에 어린 자녀를 데리고 돌아다니는 등 아이를 지킬 여유가 없었던 가정에서는 상실과 죽음에 과도하게 지배되는 반응이 나타났습니다.

이러한 가운데 애초의 긴장감이 풀리기 시작한 학교에서는 직접적으로 피해를 입은 대피소 그룹과 자택에서 통학하는 그룹 간에 미묘한 분위기가 생겨났습니다.

가설 주택으로

늘대는 방과 후에 아이들을 모아 집단 놀이 활동을 시작했습니다. 그러는 동안 아이들 사이의 긴장감도 조금씩 풀어졌습니다.

얼마 후 놀이 도중에 이야기하고 싶어 하는 아이들이 한구석에 모이자 게임 형식으로 속마음을 털어놓는 시간을 마련했고, 횟수를 거듭할수록 그 놀이에 참여하는 아이가 늘어났습니다.

대피소에서 생활하는 아이들, 그리고 집은 남았지만, 재해 이후의 변화와 스트레스에 노출된 아이들…. '집이 있는지 없는지'라는 눈에 보이는 차이로 슬픔과 고통의 크기가 결정되지 않는다는 사실을 아이들은 깨닫기 시작했습니다.

두 그룹 사이에 자연스러운 교류가 생기면서 서서히 장벽은 무너졌습니다.

머지않아 마을 광장 부근에 가설 주택이 세워졌습니다.

대피소는 해산되고 모든 주민이 부족하나마 '자택'에서 등교할 수 있게 되자 아이들의 모습은 더욱 달라졌습니다. 뒷정리를 하고 있던 늘대에게 다가와서 눈물을 흘리며 호소하는 아이가 있었습니다. 지금까지 입 밖으로 꺼내지 못했던 슬픔과 공포를 말할 수 있게 된 것이지요.

입술을 파르르 떨고 때때로 흐느끼면서 이야기하는 모습이 다 함께 뛰놀 때의 모습과는 전혀 달랐기에 늘대는 동요할 수밖에 없었습니다.

아이들에게 미치는 영향: '대피소 그룹'과 '자택 그룹'

더구나 빈곤 문제를 내포한 가정, 학대와 가정 폭력이 의심되는 가정의 아이도 있었습니다. 원래 유대가 돈독했던 가족은 재해가 발생한 후 더욱 결속을 다질 수 있지만, 문제가 내재되어 있던 가족은 불화가 더욱 증폭되어 버립니다. 그리고 그 영향은 고스란히 아이의 몫으로 돌아갑니다.

늑대는 특히 걱정되는 아이를 양호교사에게 인계했습니다. 하지만, 그 후에도 아이들의 표정, 목소리, 함께 나눈 비참한 이야기가 뇌리에 박혀 잠 못 이루는 날이 늘었습니다.

PART 4.
지원자들의 위기

번아웃의 징조

재해 발생 1주년 기념일 반응은 그럭저럭 이겨냈습니다. 그런데 1년 반이 지나자 재해 급성기 때부터 꾸준히 활동해 온 지원자들의 피로는 한계에 달했습니다. 현지 직원 중에는 집이 불타거나 가까운 사람을 잃은 상황에서 다른 피해자를 지원해 온 사람도 많았습니다.

빨간모자의 상담소를 찾아온 지원자 중에는 '이차적 외상 스트레스' 증상으로 괴로워하는 사람도 있었습니다.

'별안간 눈물이 흐르더니 멈추지 않는다. 별것 아닌 일로 불안해지고 공포에 사로잡힌다. 현장을 떠나도 이재민의 모습이 머릿속에서 떠나지 않는다. 계속 짜증이 난다. 자신이 불필요한 사람 같고 일에서 자긍심을 느끼지 못한다. 앞날에 희망이 보이지 않는다…'

이재민의 트라우마 체험을 가까이에서 지켜보는 동안 이재민과 비슷한 감정적·신체적 고통을 경험하고 지원자 자신의 내적인 세계관이 변화하는 것입니다.

지원자들의 이야기를 들어 보니 이러한 상태에 이르기 전부터 여러 징후가 나타났음을 알 수 있었습니다.

가정과 직장에서 일이 잘 풀리지 않고 주위와 갈등이 생기거나 감정이 느껴지지 않으며 냉소적인 유머가 나온다면 … 이는 번아웃(연소)의 위험을 시사합니다.

사실 빨간모자 역시 비슷한 징후를 자각하고 있었습니다. 집으로 돌아와서 자녀들에게 부드럽게 대하지 못하고 무심코 가족에게 화풀이할 때가 있었던 것입니다. "옆 마을에서는 다들 힘들게 지내고 있는데 그런 철없는 소리가 나오니?" 하고 말이지요.

그리고 이런 태도를 보인 자신에게 혐오감을 느끼기도 했습니다.

(이차적 외상 스트레스의 대처 및 예방에 관해서는 5장 187쪽에서 자세히 설명합니다.)

사건의 의미

빨간모자는 주변 지원자들을 설득하여 '말하고 듣기' 모임을 추진하기로 했습니다. 예전에 숲에서 친구들과 그룹 활동을 해 본 빨간모자에게는 지극히 자연스러운 발상이었지요.

그리고 며칠 후 저녁, 빨간모자가 진행자를 맡은 그 모임에서 많은 지원자가 지금까지 가슴속에 담아두었던 생각을 털어놓았습니다. 늑대는 보조 진행자를 자처하여 빨간모자의 옆에 앉아 있었습니다.

현지 직원 중에서도 편부모이거나 어린아이를 두고 맞벌이를 하거나 혹은 노부모를 병간호하고, 이혼 문제로 고민하는 사람들은 일상의 스트레스는 물론 일을 하느라 가족을 챙기지 못한다는 죄책감으로 괴로워하고 있었습니다. 하물며 자기 자신을 챙길 여유가 있을 리만무하니 휴식과 취미 생활은 전부 뒷전으로 미뤄 둔 상태였습니다.

많은 지원자가 눈물을 흘리며 자신의 체험을 이야기했습니다. 얼마 후에는 울다가 웃다가 하면서 결국 환한 표정을 짓게 되었습니다. 마지막으로 이번 피해와 지원 활동을 통해 깨달은 점을 나누는 자리에서 한 지원자가 이렇게 말했습니다.

"이번 산불은 변덕스러운 자연현상 때문에 일어난 거로 생각하니 '왜 이런 비참한 일이 생겨야 하지?' 하고 화가 치밀었어요. 하지만, 자연은 결코 나쁜 짓을 하려던 건 아니에요. 자연을 탓해 봐야 무슨 소용인가 싶어 이번 일을 필연적이라 생각하고 의미를 이끌어 내보자고 생각했죠. 사건에서 긍정적인 의미를 끌어내려고 한 순간 재해 경험을 바라보는 관점이 크게 달라졌고, 제가 한낱 무력한 존재가 아니라 곤경에 맞선 도전자라는 느낌이 들었어요."

다른 참가자들이 고개를 크게 끄덕였습니다.

이 지원자는 그야말로 트라우마를 겪은 후의 성장과 사람이 위기를 극복해 나가는 여정을 보여주었습니다.

모임이 끝나고 늑대가 타 준 차를 마시며 빨간모자는 축 늘어져 있었습니다. 진행자로서 한 사람 한 사람에게 관심의 눈길을 보냈지만, 사람들이 돌아가고 나자 지난 1년 반의 기억이 주마등처럼 머리를 스쳐 지나갔습니다. 흘러가는 영상에 자신을 내맡기고 있던 빨간모자의 가슴 깊은 곳에서부터 갑자기 비명이 터져 나왔습니다.

'앗…!'

빨간모자는 가슴속 응어리가 터진 듯 눈물을 쏟아 냈습니다. 단순히 슬퍼서가 아니라 이번 재해를 일으킨 자연의 거대함과 인간의 나약함, 사람이 사람을 치유하는 행위의 근원에 자리한 배려심, 개인이 아닌 집단 차원에서 커다란 상실을 경험했을 때의 상처(집합적 트라우마)와 이를 극복하려는 힘(집합적 회복력), 그 장엄함에 가슴이 터질 듯한 감동이 몰려든 것이었습니다.

눈물을 멈추지 않는 빨간모자의 곁을 늑대가 조용히 지켜 주었습니다.

사실 이 무렵 늑대의 내면에서도 커다란 문제가 생기고 있었지만, 빨간모자는 물론이고 늑대 자신조차 미처 눈치채지 못했습니다.

'더 그레이트 마스터'

그러던 어느 날, 각국의 재해 지원 현장에서 괄목할 만한 활동을 벌여 온 치료사 '더 그레이트 마스터'라는 인물이 숲 마을을 찾아온 다는 소식이 들려왔습니다.

'도대체 어떤 사람일까? 분명히 풍채가 좋은 위대한 인물이 틀림 없어.' 그레이트 마스터를 맞이하게 된 빨간모자는 설레는 마음으로 헬리콥터가 도착하기만을 기다렸습니다.

그런데 광장에 착륙한 헬리콥터에서 내려온 사람은 위를 올려다 보던 모두의 시선보다 훨씬 아래에 머무는, '그레이트'라고 부르기에 는 좀 작다 싶은 평범한 인물이었습니다.

지원자들의 위기

하지만, 앞으로 걸어오는 그레이트 마스터의 모습을 보고 그 자리에 있던 모든 사람이 유례없는 안정감을 느꼈습니다. 흡사 아름드리 나무가 대지에 뿌리를 뻗은 채 이동해 오는 듯했습니다. 더구나 그 미소와 작은 눈 속 맑은 눈동자란⋯. 그레이트 마스터의 부드러운 시선을 마주한 사람들은 봄바람이 어루만져 주는 듯한 따스함과 편안함에 빠져들었습니다.

PART 5.
신체는
치유되려 하고 있다

믿음의 힘

그레이트 마스터가 주관하는 '지원자를 위한 워크숍'이 여러 차례 열렸습니다. 그레이트 마스터가 설명하는 동안 그곳에 참석한 모든 사람은 자기만을 위해 특별한 이야기를 해 주는 듯한 느낌을 받았습니다. 워크숍이 끝난 후에도 마스터는 사람들과 허물없이 둘러앉아 시간을 보냈습니다. 물론 지원자 공동체의 분위기는 예전보다 밝아졌습니다.

신체는 치유되려 하고 있다

그레이트 마스터의 트라우마 치료 노하우를 배울 기회도 있었습니다. 수많은 치료법과 기술을 자유자재로 활용하는 마스터를 보니, 꺼내도 꺼내도 끝이 없는 보따리를 가진 건 아닐까 착각이 들 정도였습니다. 또한, 자신이 하고 싶은 치료가 아니라 반드시 눈앞에 있는 상대방을 관찰하고 어떤 치료법이 적당한지 판단하는 듯 보였습니다.

그러던 어느 날, 지원자 공동체에서 치료법의 우열을 둘러싼 논쟁이 벌어졌습니다. 미소를 지은 채 그 모습을 바라보던 그레이트 마스터는 논쟁이 일단락되기를 기다렸다가 이렇게 입을 열었습니다.

"과학적 증거가 있는 치료법은 개발자들의 훌륭한 업적입니다. 하지만, 치료법 우열에만 주목해서는 안 됩니다. 우리가 과학적 증거에 입각한 치료법을 시행함으로써 내담자가 반드시 좋아질 것이라는 믿음과 자신감을 가져야 하지요. 이러한 태도 자체가 내담자 안에 잠재된 회복의 힘을 이끌어 냅니다. 우리에게 필요한 건 단순한 기술이나 지식이 아니라 치료사로서의 태도와 자세입니다."

빨간모자, 늑대, 그리고 다른 지원자들은 여느 때보다 고개를 크게 끄덕이며 새겨들었습니다.

여러 치료법 가운데서도 그레이트 마스터의 가장 전문적인 분야는 신체 중심 접근법, 즉 '신체적 경험'* 이었습니다.

---

*:• 신체적 경험

미국의 피터 러빈(Peter Levine) 박사가 개발한 '신체와 신경계의 통합'을 기본으로 하는 트라우마 기법이다. '트라우마란 특정 사건에 신경계가 어떻게 반응하는가에 따른 문제다.'라는 생각이 기본으로 전제되어 있다. 정식 영어 명칭은 'Somatic Experiencing'이다.

야생 동물은 PTSD가 생기지 않는다

그레이트 마스터는 신체 중심 접근법에 대해 이렇게 설명했습니다.

"야생 동물은 위기에 직면하는 즉시 '싸울지', '도망갈지'를 선택합니다. 하지만, 둘 다 불가능한 상황도 있습니다. 예를 들어 임팔라가 표범과 맞닥뜨리면 싸워도 승산이 없거니와 도망칠 수도 없지요. 이럴 때 임팔라는 '경직(Freeze)'되어 버립니다. 어마어마한 에너지를 이용해서 가사 상태에 빠진 듯 감각을 차단합니다. 인간으로 치면 해리라고 할 수 있겠지요."

하지만, 야생 동물은 인간처럼 PTSD가 생기지 않으며 해리 증상이 오래가지도 않습니다.

"만약 표범이 물러난 후 안전이 확인되면 임팔라는 부들부들 몸서리치면서 경직 상태를 해제하고 아무 일도 없었다는 듯이 걸어갑니다. 하지만, 인간의 경우 두뇌가 고차원으로 발달하여 이 해제 기능이 제대로 작동하지 않는 경우가 늘었습니다. 그 결과 갈 곳이 없어진 에너지가 그대로 남아서 각종 증상으로 발전하는 것입니다."

이러한 과잉의 에너지를 조금씩 해방하는 방법이 바로 신체적 경험입니다. 신체를 이용한 활동이 중심이라 기본적으로 트라우마 체험을 이야기하지 않아도 되므로 과거의 감정을 재체험할 필요가 없습니다.

신체는 치유되려 하고 있다

다른 트라우마 기억이…

이 무렵 늑대의 문제가 불거지기 시작했습니다. 최초의 징후는 등이 쿡쿡 쑤시는 느낌이었습니다. 얼마 후 자신도 알 수 없는 이미지가 눈앞에 떠오르고, 그저 무섭다는 감각에 휩싸이게 되었습니다.

늑대는 어렸을 때 학대를 받으며 자랐습니다. 그 경험은 빨간모자와 친구들에게 여러 번 이야기한 바 있으며, 회복 과정을 충실히 밟아 왔습니다. 하지만, 더 어린 시절에 겪은 사건 중 앞뒤만 생각이 나고 가운데 부분은 쏙 빠진 이상한 기억이 있었습니다. 낯선 어른을 따라 밖으로 나갔는데 … 정신을 차리고 보니 흙 위에 잠들어 있었던 것입니다. 기억나는 부분은 그게 전부였습니다. 그사이의 일은 아무리 과거를 회상해도 떠오르지 않았습니다.

늑대는 갑갑한 마음을 떨쳐 버리려는 듯 아이들을 돌보는 일에 더욱 열중했습니다. 그러나 만성적인 피로와 집중 곤란을 느끼고 작은 일조차 판단하지 못하는 등 생활에 지장이 나타나기 시작했습니다. 그리고 무엇보다 아주 오래전에 느꼈던 '나는 아무런 가치도 없어.'라는 감각에 또다시 휩싸이고 말았습니다.

늑대는 용기를 내어 빨간모자에게 상담했습니다. 기억나지 않는 체험을 어떻게 다루어야 할까요? 두 사람은 상의 끝에 그레이트 마스터에게 신체적 경험을 부탁하기로 했습니다.

나라는 존재의 통합

늦대가 체험한 신체적 경험은 어땠을까요?

신체적 경험은 자연스러운 대화에서부터 시작됩니다. 그레이트 마스터의 조용한 목소리에 이끌려 주변과 자기 내면의 여러 편안한 감각에 주의를 기울였습니다. 그러는 동안 느껴지는 새로운 감각, 불쾌감과 이질감, 그로부터 자연히 생겨나는 신체의 움직임을 깊이 체험해 나갔습니다.

치료를 여러 차례 거듭하는 동안 늦대는 지금까지 아무리 노력해도 조각나 있던 자신의 신체가 차츰 통합되는 느낌이 들었습니다.

그때 내면에서 약동하는 듯한 움직임이 일면서 과거의 트라우마 체험과 연결됐습니다. 지금까지 따라다니던 막연한 수치심이 아닌 트라우마 체험에서 살아남았다는 승리감이 솟구쳤습니다. 어린 시절의 자신은 온 힘을 다해 자기 몸을 지켰다는 사실이 신체의 움직임으로 재현되었습니다. 말하자면 트라우마 체험은 끝났다는 사실을 신체가 이해한 순간이었습니다.

일련의 치료 과정이 끝난 후 늦대는 자신의 몸에 남아 있던 불편함이 사라진 것을 깨달았습니다. 신체뿐 아니라 감정도 자연스레 부드럽게 움직이는 듯한, 지금까지 느껴 본 적이 없는 감각이었습니다. '나를 되찾는다는 게 이런 거구나.' 늦대는 하늘을 향해 두 팔을 쭉 뻗었습니다.

나는 살아 있다! 그리고 세상은 넓다!

아무리 괴로워도

여름에 발생한 산불 사건으로부터 2년 반, 면사무소가 재건되자 마을의 기능이 원활히 작동하기 시작했습니다. 그레이트 마스터를 비롯한 외부에서 찾아온 지원자 대부분이 숲 마을을 떠났습니다.

늑대는 지금도 아이들과 만나며 관계를 이어오고 있습니다.

빨간모자에게는 이따금 지원자들이 찾아왔습니다. 속마음을 털어 놓고 마음의 안정을 찾으려는 사람, 복잡한 문제가 생겨서 고민하는 사람, 자신의 일과 관련해서 상담하려는 사람 등 방문 목적은 다양했습니다.

어느 날은 이웃 마을에서 초등학교 양호교사가 찾아왔습니다. 새로 온 교장 선생님 때문에 고민이 있다고 했습니다. 신중하게 접근할 필요가 있는 아이에게 말을 함부로 하거나 복도에서 떠들었다는 이유로 호되게 야단친다는 것이었습니다. 교장 선생님 역시 산불로 집을 잃고 가정에 불화가 생겼다는 사실을 알고 있던 양호교사는 "선생님이 애들을 오냐오냐하니까 버릇이 없는 거예요!" 하고 혼이 나자 무심코 "네, 제가 잘못했어요."라고 대답했다고 했습니다.

"교장 선생님도 트라우마 때문에 힘들어하시는 거죠? 제가 교장 선생님의 말씀을 들어 드리면 그분을 치유할 수 있을 거라고 생각했어요."

빨간모자는 깜짝 놀라고 말았습니다. 흡사 아동 학대나 가정 폭력을 방불케 하는 일이 학교에서 벌어지는 것 아닌가요?

"아무리 교장 선생님이 힘든 상황에 있더라도 아이들이나 다른 선생님한테 화풀이하는 건 좋지 않아요. 선생님이 교장 선생님의 폭언을 인정하면 교장 선생님의 문제를 부추기는 것이나 마찬가지예요. 이해할 수 없는 행동에는 단호하게 '노'라고 말해도 괜찮아요."

이러한 일이 곳곳에서 일어나는 모양이었습니다. 재해로 상처받은 사람이 그 상처를 다른 사람에게 전가하는 행동을 취하는 것이지요. 그로 말미암아 주위에서 고립되거나 자신에게 더욱 상처 주는 일이 반복됩니다. …아직 재해는 끝나지 않았습니다.

재생으로

빨간모자는 오랜만에 이웃 마을을 찾아가 보기로 했습니다.

이른 봄날, 한때 신록으로 우거졌던 숲을 지나쳤습니다. 드디어 추위가 누그러져서 솔솔 불어오는 상쾌한 바람을 맞으며 걸어갔습니다.

모조리 불에 타 새까맣기만 했던 대지는 이미 푸른 잡초로 울창하게 뒤덮여 있었습니다. 그리고 잡초보다 키 크고 커다란 잎을 틔운 어린 식물이 사방에서 고개를 내민 모습이 보였습니다. 그 식물의 이름은 '뱅크시아'였습니다.

빨간모자는 어린 시절에 들었던 할머니의 말이 귓가에 맴돌았습니다. "뱅크시아는 뜨거운 불로 껍질이 벗겨져야 싹을 피운단다."

산불이 대지를 휩쓸고 지나갈 때마다 가장 먼저 뱅크시아가 싹을

신체는 치유되려 하고 있다

피워 아름다운 나무그늘을 만들고 숲이 재생하는 것이지요. 빨간모
자는 지금 이 땅에 필요한 것은 그야말로 뱅크시아의 에너지가 아닐
까라고 생각했습니다.

'이 땅 나름의 회복 방법이 있다. 문제는 산적해 있지만. 그 문제
안에 앞날을 향한 희망의 씨앗이 있다. 재생을 간절히 바라며 활동
하는 사람들이 있다. 끊어진 관계가 다시 생겨나고 새로운 관계가
싹트며 퍼져 나간다…'

사람들을 무너뜨린 자연의 힘이 지금은 용기를 북돋아 주는 느낌
이 들었습니다.

'내겐 아직 할 일이 있어.'

빨간모자는 가슴에 용기를 품으며 이웃 마을로 들어갔습니다.

재해 트라우마 지원을 위해

필자는 2011년 동일본 대지진 이후 트라우마 외래의로서 피해 지역 학교 및 주변 주요 도시에서 지속적으로 임상을 진행했습니다. 4장을 끝내기에 앞서 당시의 경험을 소개하고자 합니다.

● 장기화된 '급성기' ●

진단 기준에 따르면 트라우마 체험 직후에 발생하는 ASD (Acute Stress Disorder, 급성 스트레스 장애)가 PTSD로 이행하는 것은 ASD 발병 후 1개월이라고 합니다. 그러나 동일본 대지진 피해지에서 실시한 저의 임상에서는 심각한 해리를 동반한 급성기 증상이 1개월로는 안정되지 않았으며, 피해자가 가설 주택에 정착하여 대피소가 폐쇄될 때까지 지속하는 경우가 많았습니다.

이는 심각한 재해에 의한 증상으로, 어느 정도 안전이 확보될 때까지 '사건이 끝났다.'라고 인식할 수 없었기 때문이라 생각합니다.

장기화된 '급성기'에는 강도 높은 신체적 과각성과 요동치는 듯한 감각이 지속되어, 실제로 몸이 흔들리기만 해도 내적인 방아쇠로 작용하여 불안과 공포가 나타나는 것을 관찰했습니다. 따라서 신체적 안전의 확보가 무엇보다 중요했습니다. 동작법과 호흡법을 비롯한 각종 휴식 기법, 뇌 체조(Brain Gym) 등의 운동 요법이 효과적이었습니다.

신체는 치유되려 하고 있다

● 누적되는 트라우마 ●

필자가 경험한 범위에서는 사건의 직접적인 피해자 중 PTSD 진단 기준을 충족하는 이의 대부분은 가옥 유실과 가족 상실 등 복수의 트라우마 체험이 겹친 다중 피해자, 혹은 재해 이전에 다른 트라우마를 경험한 사람이었습니다.

직접적인 피해가 없었는데도 PTSD 증상을 보이는 사람은 거의 모든 경우에서 어린 시절 학대로 말미암은 트라우마나 성인이 된 이후 성폭력, 가정 폭력, 직장 내 권력에 의한 괴롭힘, 성희롱 등에 의한 트라우마를 겪고 있었습니다.

트라우마 체험이 거듭할수록 PTSD가 발병하기 쉬운데, 이를 '누적 트라우마 효과'라고 부릅니다.

실제로 트라우마의 횟수가 늘어남에 따라 PTSD나 우울증 발병률이 높아져 증상이 복잡해진다는 보고가 있습니다. 또한, 성인기에 생긴 트라우마보다 유년기의 트라우마가 '복잡화'와 관련이 깊다는 보고도 있습니다.

즉, 트라우마가 많으면 많을수록, 게다가 발생 시점이 이르면 이를수록 그 이후에 생긴 트라우마에 따른 PTSD는 중증화될 위험이 큽니다.

이는 재해 시 고위험군을 판단할 때의 중요한 기준입니다.

단일성 트라우마의 치료와 만성 복합성 트라우마 치료의 원리 원칙은 같지만, 기술적인 유의점에서 여러 가지 차이가 있습니다. 눈앞에 있는 이재민의 문제가 '재해 트라우마'에 의한 것인지 '재해가 방아쇠 역할을 한 과거의 트라우마'가 외현된 것인지 구분(사실상 어느 한 쪽이 아니라 양쪽이 뒤섞여 있는 경우가 대부분이므로 그 비율을 판단)한다면, 더욱 효과적인 치료를 계획할 수 있습니다.

'재해 트라우마'가 중심을 이루는 제1차 피해자 중 PTSD가 발병한 내담자에게는 트라우마에 초점을 맞춘 치료, 즉 안구 운동 민감소실 및 재처리 요법(EMDR)이나 지속적 노출 치료(PE) 등 국제 가이드라인과 학회 가이드라인에서 장려하는 치료법이 효과적이었습니다. 이러한 치료법은 트라우마 장면을 상기하므로 치료 시 고통스러운 체험에 직면하게 되지만, 치료가 끝나면 매우 편안해져 일상생활에서 회피 증상이 사라집니다.

이에 반해 제2차 피해자 중 '재해를 방아쇠로 과거의 트라우마가 외현된' 사례에는 치료상의 연구가 필요합니다. PTSD 증상에 국한되지 않고 '복합성 트라우마' 증상이 나타나는 경우가 많기 때문이지요. 즉, 감정, 기억, 신체, 가치관 등을 제어할 수 없으므로 일상생활에 많은 지장을 가져옵니다. 특히 유년기부터 누적된 트라우마가 많을수록 증상이 복잡해집니다.

따라서 이러한 사례에는 트라우마 치료뿐 아니라 생활 지원이 병행되어야 합니다. 단순히 트라우마 증상만 제거하는 치료를 졸속으로 시행한다면 일상에서 문제가 생길 때마다 재발하기 쉽습니다.

(자세한 내용은 5장 2절 중 '생활 지원의 중요성' 부분을 참고해 주세요.)

5장

지원자가 알아 두어야 할
중요한 사실

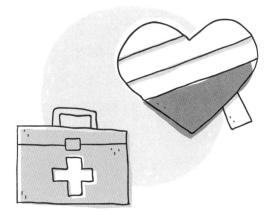

트라우마를 겪은 당사자와 안전하게 접촉하며 회복을 촉진하는 데
필요한 것은 무엇일까요?
회복을 가로막는 증상에는 어떻게 대응하면 좋을까요?
5장에서는 의료, 보건, 복지, 사법, 교육 등 다양한 분야에서
트라우마 문제를 마주하는 직원과 가족, 주변 사람들이 알아야 할
사실에 대해 설명합니다.

이번 장은

트라우마 인식 접근의 원칙을 바탕으로 지원자 여러분이 꼭 알아 두었으면 하는 정보를 모았습니다.

단지 전문의와 상담사만이 트라우마로 고통받는 이들을 만나는 것은 아닙니다.

예를 들면 범죄나 가정 폭력 피해자를 지원하는 사람도 트라우마 당사자를 만날 수 있습니다. 가해자의 배경에 유년기의 트라우마가 잠재된 경우가 많으므로 보호 관찰소, 소년원 등 사법계에 종사하는 직원도 트라우마 관련 지식이 필요합니다.

또한, 각종 재해 피해자를 지원하는 사람(이에 관해서는 4장도 참고해 주세요)이나 보육원, 양육 시설, 학교 등의 기관에서 아동 교육 및 보육에 힘쓰는 직원도 예외는 아니지요.

물론 가족과 친구 등 당사자를 개인적으로 응원하는 분에게도 틀림없이 도움이 되리라 생각합니다.

이번 장을 당사자가 읽는 것도 큰 의미가 있습니다. '나 자신을 어떻게 지원할지' 배우는 과정, 또한 '어떻게 지원받고 있는지'를 이해하고 '어떻게 지원받고 싶은지'를 명확화하는 과정은 미래의 안전을 확보하는 길이기 때문입니다.

1.
지원 활동의 의미

트라우마로 힘들어하는 사람과의 만남

트라우마 문제로 상담소를 찾아오는 사람은 남에게는 가장 드러내고 싶지 않은 부분, 알리고 싶지 않은 부분을 이야기합니다. 자신에게 가장 불쾌한 일, 괴로운 일, 무서운 일, 부끄러운 일, 다시는 떠올리고 싶지 않은 일도 말하게 되지요.

사실 이러한 과거의 일을 낯선 사람에게 털어놓고 싶은 사람은 없을 겁니다. 그러나 하루하루 살아가기가 힘겨워서 그런 선택을 할 수밖에 없습니다.

예약 전화를 거는 일조차 굉장한 용기가 필요합니다.

상담이나 치료를 위해 찾아오는 사람은 그런 마음을 안고 우리 지원자 앞에 있습니다. 매우 신중하고 조심스럽게 마주해야 할 순간이지요.

지원자는 트라우마 당사자를 어떤 태도로 맞이하고 어떤 자세를 보여야 할까요?

지역 및 관계 기관에서 트라우마로 힘들어하는 듯한 사람과 만났을 때 어떻게 대응하는 것이 좋을까요?

여러분의 가까운 지인이 트라우마로 고통스러워하고 있다면, 그 아픔에 다가가는 현명한 방법은 무엇일까요?

위의 질문들을 가슴에 품고 이번 장을 읽어주시기 바랍니다.

위기와 연속성

트라우마로 남는 사건은 그 사람에게 위기의 사건이라 할 수 있습니다. 그렇다면 '위기'란 무엇일까요? 바로 '연속성이 끊어진 상태'를 가리킵니다.

우리는 자신과 세계의 관계에서 연속성을 느낍니다. '어제의 나와 오늘의 나는 이어져 있다.', '오늘의 세계와 내일의 세계는 아마 다르지 않을 것이다.'라고 생각하며 살아갑니다. 어제를 알고 내일을 예측하는 것은 인간의 생존과 관련된 기본적인 욕구입니다.

심리학자 물리 라하드(Mooli Lahad)는 BASIC-PH라는 접근법을 소개하며 연속성에는 다음과 같은 특징이 있다고 밝혔습니다.

- **인지적·의식적 연속성** = 일정 규칙하에 생활이 영위되며 '○○를 하면 □□가 된다.'라는 논리와 일상의 현실이 흔들리지 않는 것

- **사회적·대인 관계의 연속성** = 가정, 직장, 학교 등에서 같은 사람과 반복적으로 만나는 것
- **기능적 연속성** = 가정, 직장, 지역 사회에서 자신이 일정 역할을 유지하는 것
- **역사적 연속성** = 과거부터 현재까지 '나'는 '나'라는 안정감을 느끼는 것

그러나 유년기에 안전을 위협받은 사람에게는 연속성이 확보되지 않습니다. 별안간 아버지가 어머니를 때리거나 어느 날 어머니가 집을 나가서 돌아오지 않는다면, 이 세상은 혼란스럽고 예측 불가능한 곳이 됩니다.

만약 성폭력을 당한 적이 있다면 그 사건이 연상되는 장소에 가지 못하거나 밀접한 신체적 접촉이 일어나는 장소, 이를테면 전철을 이용하여 출퇴근하기가 어려워질 수 있습니다. 또한, 가해자와 비슷하게 생긴 사람이 옆에 서 있기만 해도 플래시백이 일어날 가능성이 있습니다. 이렇게 사회생활, 인간관계, 신체 감각이 변형됩니다. 갑작스럽게 발생한 재해는 어제까지 생활하던 집을 파괴하고 주변 사람의 목숨을 빼앗기도 하지요.

지금, 지원자인 여러분의 눈앞에 있는 사람이 어떤 연속성을 상실하고 괴로워하는지 주목해 봅시다. 끊어진 관계를 회복하는 것이 효과적인 지원 방법이 될 테니까요.

트라우마로 힘들어하는 사람은 연속성이 끊어진 상태에 있으므로 상담사로서 약속 시간에 당사자를 꾸준히 만나고, 직원으로서 일

지원 활동의 의미

정 장소에 상주하며, 가족과 친구로서 곁에 있어 주는 것이 더욱 큰 의미가 있습니다. 이러한 행동은 하나의 연속성을 보장하기 때문입니다.

새로운 기억

사람은 살아가는 매 순간 뇌 속에 새로운 기억을 형성합니다.

지원자가 자신의 이야기를 들어주는 체험도 당사자에게는 하나의 기억으로 남습니다. '트라우마 사건을 털어놓고 눈물도 흘렸지만 어쩐지 마음이 편했어…'라는 기억은 트라우마 기억 위에 덧씌워지지요. 그러므로 지원자가 침착하게 귀 기울여 듣는 행위는 매우 중요합니다.

혹시 지원자가 당사자의 이야기를 들으며 "어머, 그런 무서운 일이 있었어요?"라며 동요하거나, '이런 비참한 이야기를 어디까지 들어줘야 할까…', '설마 지금 하는 말이 진짜일까?' 하고 불안해하고 당혹스러워한다면 그 감정이 상대방에게 고스란히 전해집니다.

마치 봐서는 안 될 것을 본 사람처럼 눈을 돌리며 "그런 기억은 빨리 잊어버리세요."라고 말했다면 이는 치료사 자신이 회피 행동을 취한 것입니다. 트라우마로 힘들어하는 사람에게 더욱 상처를 주고 부정적인 기억을 덧씌우는 셈이지요.

"선생님은 사라지지 않네요."

젊은 시절, 아직 치료사로서 경력이 부족했던 제게 한 내담자가 해 준 최고의 칭찬입니다. 그 내담자는 지금까지 과거의 일을 털어놓는 순간 여러 치료사가 '그 자리에서 사라진 듯한 기분'이 들었다고 했습니다. 실제로 자리에서 떠나는 것과는 다른 차원의 문제입니다. 치료사조차 해리를 일으키는 것이지요.

무엇보다 지원자가 철저히 안정된 상태로 제자리를 지키는 일이 중요합니다. 두 다리를 땅에 단단히 붙이고(그라운딩) 흔들림 없이 같은 자리에 서 있는 모습이 상대의 기억에 새겨진다면 별다른 기술을 사용하지 않더라도 그 자체로 큰 힘을 발휘합니다.

2.
지원의 대원칙과 구체화

지원의 핵심 능력(re Competency)

트라우마를 경험한 사람은 위험하고 불안했던 체험, 자신이 제어하지 못하거나 소중히 여겨지지 않았던 체험을 트라우마 기억이라는 형태로 몸과 마음에 각인합니다. 트라우마를 경험한 사람과 만났을 때 '안전과 안심을 확립'하고 '자기 조절감과 자기 존중감을 회복'하는 것은 지원 과정의 시작이자 최종 목표입니다. 그렇다면 지원자가 어떻게 행동해야 이 목표를 달성할 수 있을까요?

트라우마 인식 접근의 여러 실천 지침에 공통으로 포함된 '핵심 능력'에 관한 원칙은 다음과 같습니다.

① 트라우마 인식(Trauma Awareness)
② 안전의 확립
③ 선택과 역량 증진
④ 강점 기반(strength based)

① 트라우마 인식은 이 책을 일관되게 관통하는 트라우마에 관한 심리 교육적 관점입니다. 여기서는 지원자의 태도와 커뮤니케이션 기술이라는 관점에서 ②, ③, ④를 시행하는 데 필요한 방법에 대해 구체적으로 살펴봅시다.

안전의 확립을 위한 태도와 기술

트라우마 지원의 핵심은 안전과 안심의 확립입니다. '안전'에는 여러 종류가 있습니다. 집은 안전한지, 건강한 식사와 수면이 이루어지는지 등의 세세한 안전부터 당사자-지원자 상호 관계의 안전, 공동체 속에서의 안전한 관계 형성 등이지요. 이처럼 다양한 측면을 고려하여 안전을 확립해 나가야 합니다.

우선 지원자 자신이 트라우마 당사자에게 안전한 관계를 형성해 주어야 하는데, 이를 위해서는 트라우마와 그 영향에 대해 숙지해야 할 뿐 아니라 트라우마 당사자가 만들기 쉬운 관계성, 지원자가 빠지기 쉬운 관계성의 패턴도 파악할 필요가 있습니다.

대부분의 트라우마 생존자는 보살핌을 받아야 할 사람으로부터 희생당한 체험이 있습니다. 대등한 관계를 형성한 경험이 드물고 어떤 사람이 안전한지 구체적으로 경험한 적이 없습니다. 혼자서는 감당할 수 없는 상황에서 농락당하거나 인격을 짓밟혔던 경험이 축적되어 있기도 합니다. 이러한 사람이 지원 과정에서 '권위 있는 선생님이 말씀하시는 대로 따르는 수밖에 없어.'라고 생각한다면 과거와 똑같은 패턴을 반복하는 것이나 다름없습니다.

지원자는 특정 분야의 지원 전문가이지, 당사자의 인생 전문가는 아닙니다. 당사자의 인생 전문가는 오직 그 사람 자신뿐이지요. 당사자가 앞으로 어떻게 살아갈지 진지하게 관심을 기울이고 목표 설정을 돕는 한편, 열린 마음으로 질문하고 목표로 이어지는 여정을 함께 생각해야 합니다.

일방적인 단정과 판단은 관계성을 현저히 손상시킵니다. 언뜻 위태로워 보이는 당사자의 모습도 그 순간을 살아남기 위한 선택의 결과였다는 사실, 그 이면에는 자신의 모습을 무척 부끄럽게 여기는 마음이 있다는 사실을 인지하고, 과거의 선택 하나하나에서 긍정적인 의미를 이끌어 내도록 돕는다면 앞으로 더욱 긍정적인 선택을 유도할 수 있습니다. 그럼에도, 강하게 의견을 피력해야 할 순간이 있다면 그들을 위협하고 부정하고 멸시해 온 사람들과 동일하게 인식되지 않도록 '왜 지금 그렇게 말하는지'를 심리 교육적인 개념을 포함하여 성의껏 설명해야 합니다. 물론 지원자가 당사자의 행동에 분노와 울분을 느끼는 일은 발생하기 마련입니다. 하지만, 그 순간 강한 감정을 언사에 실어 봐야 상대방을 위협하거나 관계성을 훼손할 뿐입니다. 지원자가 먼저 자신의 감정을 파악하고 조절하여 당사자에게 모범이 되어 봅시다.

선택과 역량 증진을 위한 태도와 기술

'아는 것이 힘'이라는 말이 있지요. 트라우마를 경험한 사람이 자신을 이해하도록 도와주는 것은 최고의 역량 증진 방법입니다. '내가 이상한(이상했던) 것이 아니라 트라우마를 겪은 결과로서 당연히, 자연스럽게 증상이 나타난 것'이라고 이해시키는 일을 정상화(Normalization)라고 하는데, 이는 지원 초기에 필수적인 과정입니다. 정상화에 의해 자기 존중감을 되찾을 수 있기 때문입니다.

또한, 자기 조절감을 느끼려면 심리 교육을 토대로 '나 자신과 상황을 스스로 제어할 수 있다.'라는 체험을 반복하고 나아가 '내가 결정할 수 있다.', '나는 소중한 가치가 있다.'라는 체험을 쌓아야 합니다. 따라서 앞날의 선택을 당사자에게 맡기고 그 선택을 긍정해 줄 필요가 있습니다. 그렇다고 "당신 하고 싶은 대로 하세요."라는 식이라면 도무지 방향을 잡을 수 없겠지요. 몇 가지 선택지를 제시한 후 선택을 유도하는 편이 바람직합니다.

간단한 예를 들면 "당신을 위해 아주 맛있는 허브 티를 준비해 뒀어요." 대신 "물이랑 커피, 허브 티가 있는데 뭘 드시겠어요?" 하고 묻는 방법이 있습니다. 몇 가지 호흡법을 가르쳐준 다음 "편한 방법을 연습해 보세요."라고 말하는 것도 한 가지 방법입니다. 어떤 방법을 사용하든 다수의 선택지를 준비해 두면 회복의 여정은 그만큼 안전해집니다.

한편, 지원자가 간과하기 쉬운 사실이 있습니다. 트라우마 당사자는 지원이나 치료가 이루어지는 곳을 방아쇠(트리거)가 가득한 공간으로 느낄 수 있다는 점이지요. 밀접한 거리, 자신을 향한 눈빛, 힘의 관계, 침입적인 질문을 받는 상황이 방아쇠로 작용할 수 있기 때문입니다. 지원자는 이를 자각하고 어떤 방식으로 질문과 제안을 해 나갈지 명확하게 설명하며, 앞으로 무슨 일이 생길 수 있는지 예상하도록 해야 합니다. 즉, 행동을 취하기 전에 어떤 기분인지, 그 행동의 의미를 어느 정도 이해하고 있는지 확인한 후 명확히 할 필요가 있습니다.

강점 기반의 태도와 기술

강점(Strength)이란 어떤 사람이 지니는 '힘'이나 '장점'을 뜻하며 크게 1) 성격과 자질, 2) 기능과 재능, 3) 당사자를 둘러싼 환경, 4) 희망과 관심까지 포함합니다. 트라우마가 있는 사람과 만나면 우선 그 사람이 보이는 문제에 주목하기 쉬우나 그 이전에 강점을 인정하고 확인하는 것이 여러 의미에서 중요합니다.

그렇다면 무엇이 강점이 될 수 있을까요? 가장 중요한 강점은 '그 사람이 살아남은 것', '그 사람이 눈앞에 있는 것'입니다. 또한, 강점에 가까운 개념으로 역경을 극복하는 '회복력(Resilience)'이 있습니다. 트라우마를 겪은 사람의 최대 강점과 회복력은 바로 그 사람이 세상에 존재하며 지원을 요청하고 있다는 점입니다.

설령 이 단계에 도달하기까지 때로는 위태롭고 때로는 서투른 반응을 보였더라도 살아남기 위한 귀중한 선택이었다는 사실을 지원자가 강점으로 이끌어 내야 합니다.

생활 지원의 중요성

그 밖에 놓치기 쉬운 핵심 중 하나는 생활 지원의 중요성입니다. 치료사로서 경험이 쌓여 트라우마 처리 기법에 익숙해지면 플래시백이나 해리 증상을 제거하는 일은 비교적 간단합니다. 하지만, 증상만 지나치게 빨리 제거하면 도리어 일상생활이 힘들어질 수 있습니다.

물론 플래시백은 매우 괴로운 증상이지만, 그 증상이 사라지면 또다시 다음 계단을 올라야 합니다. 내일 무엇을 먹고 무엇을 하면서 보낼지, 어떻게 사회생활에 복귀할지 생각해야 하지요. 그런데 여전히 내면에는 구멍이 숭숭 뚫려 있는 데다 자신이 못 미덥고 장래에 희망이 없으며 살아가는 기술도 익히지 못한 상태라면 어떨까요?

오히려 플래시백에 희롱당할 때가 편하다고 느낀다면, 일단 치료로 증상을 제거해 봐야 생활상의 문제로 말미암아 재발할 우려가 있습니다.

본격적으로 치료를 받고 겨우 좋아졌다 싶었더니 일상생활로 돌아가자마자 증상이 재발해서 좌절했다는 사례는 쉽게 찾아볼 수 있습니다. 이는 내담자가 '아직은 어려워요. 도와주세요.'라고 느낀다는 신호입니다.

생활을 제대로 유지할 수 있는지 없는지 관찰하며 지원하는 일은 중요합니다. 세부적으로는 식사를 꼬박꼬박 하는지, 잠을 잘 자는지, 낮에 깨어 있는지, 자신의 안전을 스스로 지킬 수 있는지, 육아 등의 일상 속 역할을 수행할 수 있는지 판단해야 하지요. 증상 제거와 생활 지원을 병행할 수 있다면 가장 이상적이겠지만, 두 마리 토끼를 잡기란 그리 쉬운 일이 아닙니다. 그렇다면 생활 지원을 우선순위에 두어야 한다는 점을 기억해 주세요.

특히 증상이 빈번히 재발하는 사람을 주의해야 합니다.

치료 당시 "문제없어요. 노력하고 있어요."라는 똑 부러진 대답을 들으면 생활도 양호하게 유지되고 있으리라 착각하기 쉽습니다. 하지만, 내담자는 미움받거나 거절당하는 것이 두려운 나머지 "안 돼요." 라는 말을 못 하고 있는지도 모릅니다.

지금 눈앞에 있는 모습뿐 아니라 예를 들어 대기실에서는 어떤 자세로 어떻게 앉아 있는지, 집에서는 무엇을 먹고 어떻게 시간을 보내는지 관심을 기울여 주세요. 이러한 과정에서 해리 증상을 발견하는 때도 있습니다.

또한, '왜 못하지?'가 아니라 '못하는 데는 그럴 만한 이유가 있다.' 라는 전제하에 조금씩 개선되고 있는 점에 주목해 주세요. 그리고 노력하고 있다는 사실을 인정하며 어떻게 하면 더욱 개선할 수 있을지 함께 생각해 봅시다.

이런 의미에서 정신과의, 심리상담사, 보건사, 사회복지사 등 여러

직종에서 접촉하는 전문 다직종 팀(Multi-Disciplinary Team)을 형성하는 것이 효과적입니다.

트라우마 기억을 다루는 일

트라우마를 집중적으로 다루는 치료 기술은 여러 가지 있습니다. 하지만, 지금까지 살펴봤듯이 설령 전문적인 기술을 알지 못하더라도 트라우마로 힘들어하는 사람을 지원할 수 있습니다.

다시 한번 강조하지만, 안전감과 자기 조절감을 확보하고 생활을 지원하는 것이 관건입니다. 지원을 받는 체험과 일상적인 체험이 쌓이다 보면 자신과 타인과 세계에 대한 사고(인지)가 부정적인 시각에서 긍정적인 시각으로 변화합니다. 이러한 변화만 이끌어 낼 수 있다면 전문적인 트라우마 치료가 반드시 필요한 것은 아닙니다.

다만, 트라우마를 겪은 후에 생기는 '나는 아무런 가치가 없어.', '나는 타락했어.' 따위의 부정적인 사고와 부정적인 감정에는 깊은 뿌리가 있습니다. 이른바 냉동 보존된 트라우마 기억이 뿌리에 남아서 인격 구조 전체에 끊임없이 영향을 미치지요.

이 점을 개선하려면 일반적으로 괴로웠던 체험을 말로 표현하는 과정이 불가피합니다. 단순히 사실만을 나열하는 것이 아니라 당시에 느낀 감정까지 상기하며 이야기하고, 그 과정을 거쳤는데도 여전히 안전하고 자기 조절이 가능하다는 실감을 해야 합니다. 이때 지속적 노출 치료(PE), 인지 처리 요법(CPT), 트라우마 집중 인지 행동

요법(TF-CBT), 안구 운동 민감 소실 및 재처리 요법(EMDR) 등이 효과적입니다. 이러한 트라우마 기억 접근법을 '하향식(Top-down)'이라고 부릅니다.

이에 반해 4장 142쪽에서 소개한 신체적 경험과 트라우마 해소 운동(TRE), 뇌 체조 같은 신체 및 신체의 움직임을 이용하는 요법, 침과 뜸, 사고장 요법(TFT), 힐링 요법, 플라워 에센스 복용 등 이른바 에너지 회로를 통해 자연 치유력을 불러일으키는 요법은 '상향식(Bottom-up) 치료법이라고 부르며, 그 효과는 앞으로도 더욱 검증되리라 생각합니다.

잠자는 사자의 코털을 건드리지 마라?

트라우마를 겪는 사람이 열정적인 지원자와 만나면서 상태가 일시적으로 악화된 것처럼 보일 때가 있습니다. 왜 그럴까요?

안전하고 안정적인 관계가 형성되면 트라우마 경험자는 지금껏 마음에 품고 있던 이야기를 꺼내기 시작합니다. 과거의 트라우마 경험을 깊숙이 파고들면 여태까지 건강하고 적응을 잘하는 듯 보였던 사람도 플래시백과 해리 증상을 일으킬 수 있습니다. 그 정도까지는 아니더라도 일시적으로 생활 능력이 떨어지는 일은 자주 발생합니다. 냉동 기억이 한꺼번에 녹아서 뇌의 작업대를 압박하기 때문이지요.

지원자로서 이러한 현상을 여러 번 겪고 그때마다 대처하지 못했던 경험이 축적되면 트라우마 체험을 다루는 것이 두려워집니다. "잠자는 사자의 코털을 건드리지 마라.", "판도라의 상자를 열지 마라."라는 비유를 마음에 새기게 되지요.

물론 전쟁이나 재해로 말미암은 트라우마를 가슴에 담아둔 채 평생 감내하며 훌륭한 업적을 거둔 사람도 있습니다. 하지만, 적어도 도움이 필요해서 찾아온 사람에게 "이 일은 더는 건드리지 않는 편이 좋겠다."라며 지원자가 함부로 판단하고 선을 그어서는 안 됩니다.

지원자가 '이야기를 들어서는 안 된다.'라고 생각하는 까닭은 '차마 들을 수 없다.'라고 느꼈을 때 야기되는 자신의 감정이 두렵기 때문입니다. 하지만 '차마 들을 수 없는' 그 이야기는 '당사자가 이미 경험해 온 현실'입니다.

사실 많은 트라우마 생존자가 '이 얘기를 하면 선생님이 싫어하진 않을까?', '상대방이 상처 입진 않을까?'라고 생각합니다. 성 학대를 받았던 이야기를 하고 나서 "선생님을 더럽혔어요. 죄송해요."라며 울먹이는 내담자도 있습니다.

그러므로 지원자가 흔들리지 않고 이야기를 받아들이며 경청하는 태도는 매우 중요합니다.

만약 그로 말미암아 플래시백이 일어난다면 어떻게 대처해야 하는지는 다음 페이지에서 살펴보겠습니다.

3.
플래시백과 해리를 극복하다

플래시백 = 해리되어 있던 체험을 다시 체험

플래시백이란 과거의 트라우마 체험을 생생하고 선명하게 재체험하는 증상입니다.

'생생하고 선명한' 까닭은 그 체험이 마음속에서 다른 기억과는 다른 형태로 떨어져 있었기 때문입니다. 즉, '해리'되어 있었던 탓에 과거의 사건임에도 '지금·여기'에서 일어나는 듯 체험하는 것이지요.

다시 말해 플래시백은 '해리되어 있던 체험의 재체험 증상'이라고 설명할 수 있습니다.

그렇다면 구체적으로 어떠한 증상이 나타나는 것일까요?

플래시백과 해리가 발현되면 시각적으로 또렷하게 체험할 뿐 아니라 마치 영상 속에 직접 들어간 양 신체적으로도 재체험을 겪습니다. 지원자가 보기에는 눈앞에 있는 사람이 '다른 곳으로 떠나 버린 듯한' 느낌이 들지요.

예를 들면 다음과 같은 상태로 발현 여부를 파악할 수 있습니다.

▷ 갑자기 괴로운 표정이나 무표정으로 바뀐다.

▷ 돌연 말문을 닫는다.

▷ 신체의 움직임이 없어지고 무언가를 피하거나 무언가로부터 도 망치는 듯한 자세를 취한다.

▷ 말을 걸어도 반응하지 않는다. 혹은 말을 걸거나 신체를 만지면 깜짝 놀라거나 소리친다.

▷ 눈물을 흘리고 과호흡 증상을 보인다.

플래시백이 일어났을 때의 대처법

먼저 과호흡 증상이 나타났을 때는 숨을 가늘고 길게 내쉬도록 유도하여 호흡의 조절을 돕습니다. 숨을 충분히 내쉬면 자연스럽게 들이마시게 됩니다. 예전에는 종이봉투를 이용한 '페이퍼백 요법'이 시행되었으나 위험성이 지적되면서 현재는 권장하지 않는 추세입니다.

그리고 대응 시 가장 중요한 원칙은 당황하여 우왕좌왕 대처하지 않는 것입니다.

왜냐하면, 한창 플래시백이 일어난 순간에는 "괜찮으세요?"라며 흔드는 지원자의 손이 가해자의 손을 연상시킬 수 있기 때문입니다. 지원자의 목소리가 가해자의 목소리로 들리기도 합니다. 예상치 못한 순간에 남의 손이 닿으면 플래시백이 심해져 악순환이 반복되므로, 그 상태에서 '지금·여기'의 현실로 돌아오게 해야 합니다.

플래시백과 해리를 극복하다

아래의 대처법이 효과적이니 참고해 주세요.

▷ 침착하고 부드러운 목소리로 이름을 또박또박 부른다.

▷ 의사소통이 어렵다면 잠시 조용히 기다린다. 자리를 뜨지 말고
"저는 여기에 있으니까 돌아올 수 있을 때 돌아오세요." 하고
격려하며 지켜 준다.

▷ 표정이 되돌아오거나 자리에서 벌떡 일어서면 "주위를 둘러보
세요. 제 얼굴이 보이나요?" 하고 말을 건다. 주위를 둘러보면
자신이 그때 그곳이 아니라 '지금·여기'에 있다는 사실을 인식하
는 데 도움이 된다.

▷ 소통이 이루어지면 '지금·여기'의 감각을 높이고자 앉은 채로
제자리걸음 동작을 시키는 등 두 다리가 분명히 땅에 닿아 있
다는(그라운딩) 사실을 의식할 수 있게 유도한다. 또한, 천천히 심
호흡하도록 돕는다.

▷ "여기는 ○○의 상담실이에요.", "오늘은 ○○년 ○○월 ○○일
이에요." 등을 전달하여 지남력(指南力, 시간, 장소, 상황, 환경 따위
를 올바로 인식하는 능력 - 옮긴이)을 확인한다.

▷ 가능하다면 물을 마시게 한다.

플래시백의 조짐이 보일 때

플래시백의 반복을 멈추는 효과적인 방법은 무엇인지 당사자와 공유하는 것이 좋습니다. 가끔 해리된 상태에서 자상 행위를 벌이는 경우가 있으므로 아래의 방법은 예방책으로도 활용할 수 있습니다.

▷ 눈을 감지 않는다. 무서울 때는 눈을 감고 싶어지나, 눈을 감으면 그 즉시 트라우마 기억의 플래시백 속으로 빨려 들어간다. 따라서 눈을 뜨고 주위를 둘러본다.
▷ "나는 지금 여기에 있다.", "그 일은 지나갔다. 지금의 나는 안전하다.", "그 일은 과거에 불과하다."라는 말을 입 밖으로 선언한다.
▷ 안전하고 안심할 수 있는 물건을 활용한다. 예컨대 좋아하는 인형을 손에 쥐거나 편안함이 느껴지는 그림과 카드를 쳐다보거나 이미지와 키워드를 떠올린다. (1장 'Safe Place Exercise' 참조)

만일의 상황에 대처할 수 있도록 이와 같은 도구나 이미지를 평소에 준비해 두는 편이 좋습니다.

또한, 상담 중 플래시백이 일어날 때를 대비하여 암호를 정하는 방법도 추천합니다. 예를 들면 트라우마 체험을 듣기 전에 미리 다음과 같은 설명을 해 두는 것이지요.

"만약 플래시백을 일으킬 것 같으면 '나랑 함께 있는 거죠?' 하고 확인 질문을 해 주세요."

지원자와 함께 있는 곳은 '지금·여기'의 세계입니다. '나랑 함께 있는 거죠?'라는 질문은 지금 내가 피해를 입었던 과거의 세계가 아니라 현실에 있다는 사실을 떠올리게 하는 하나의 방법입니다.

그 밖에 '여기는 어디죠?', '제가 몇 살이죠?' 등의 당연한 질문도 효과를 발휘합니다.

플래시백이 일어나면

플래시백이 일어났을 때 당사자 스스로 '지금·여기'로 돌아오는 방법을 일러 줍시다.

- 자신이 플래시백을 일으켰다는 사실을 의식하고 '이건 플래시백이다, 현실이 아니다.'라며 스스로 되뇐다.
- 눈을 감지 말고 주위를 둘러본다.
- "나는 현재 ○○살이다.", "나는 지금 ○○에 있다."라고 확인한다.
  (예: 나는 지금 ○○동네의 서점에 있다.)
- 그때와의 공통점이 무엇인지 파악한다.
  (예: 내 옆에 남성이 서 있다. 같은 담배 냄새가 난다.)
- 그때와의 차이점이 무엇인지 파악한다.
  (예: 지금 옆에 있는 남성은 책을 읽고 있을 뿐이다. 나에게 아무 행동도 하지 않는다.)

- 다시 한번 확인한다.

  (예: 그 일은 과거의 사건이다. 지금 나는 안전하다.)

이런 식으로 공통점과 차이점을 의식하며 과거의 트라우마 체험과 현재를 오가면, '지금·여기'에 있다는 감각이 서서히 돌아와 플래시백으로부터 해방됩니다.

이미지와 키워드를 떠올리는 방법도 매우 유용합니다.

또한, 지금의 나는 과거의 나보다 '자신을 지킬 수 있는 존재'가 되었다는 사실을 믿어 주세요.

그런데 때로는 플래시백이 잘못된 정보가 아니라 '그때와 똑같은 위험이 다가오고 있을지도 모른다.'라는 신호를 보내 주기도 합니다. 가령 어두운 바에서 낯선 사람 옆에 앉아 술을 많이 마셨을 때 플래시백이 일어난 경우가 이에 해당하지요. 잠재적인 위험을 감지했다면 곧바로 그 자리를 떠나도록 합니다.

플래시백과 해리를 극복하다

4.
단계적 심리 교육과
기술 형성

정상화: 트라우마 때문에 일어난다는 사실을 이해한다

트라우마를 겪는 사람 대부분은 각종 증상에 시달리면서도 자신이 왜 이렇게 되는지, 무슨 일이 일어나고 있는지, 어떻게 해야 할지 모르는 혼란 상태에 있습니다.

이럴 때 우선 '나한테 무슨 일이 일어나고 있는지'를 아는 것만으로도 마음이 편해질 수 있습니다.

트라우마란 무엇인가?

PTSD 증상에는 어떤 것이 있는가?

무엇이 증상의 방아쇠로 작용하는가?

만성적 트라우마에 의한 DESNOS 증상은 무엇인가?

먼저 이 책의 1~2장에서 소개한 내용을 당사자에게 자세히 설명해 줍시다. 트라우마 기억은 '냉동 보존 기억'이라는 설명은 자신의 현재 상황과 플래시백을 이해하는 데 도움이 됩니다.

'조절 장애'가 DESNOS의 한 가지 증상이라는 사실을 알고 나면 '이런 나는 아무런 쓸모가 없어.'라는 생각에서 해방되고, 앞으로는 조절하는 힘을 키워야겠다는 목표가 생기지요.

'내가 툭하면 화를 내는 건 DESNOS의 증상이구나.'

'내가 남을 믿지 못하는 건 당연한 현상이었어.'

'내가 가끔 기억을 잃어버리는 것도 어쩔 수 없는 일이야.'

'내가 희망을 품지 못하는 것 역시 트라우마에 의한 증상일지도 몰라. 그렇다면 언젠가는 희망을 품을 수 있겠지.'

내가 이상해서가 아니라 증상에서 비롯된 당연한 결과라고 인식하는 것, 해결할 수 있다고 깨닫는 것은 회복을 향한 의욕과 희망을 북돋웁니다.

다만, 여기서 끝이 아닙니다. 과거의 자신을 인정한 다음에는 미래의 자신을 지켜야 하지요.

재연과 재피해 - 메커니즘을 파악한다

성 학대를 받으며 자란 사람이 원조 교제를 하는 등 자신을 성적으로 더욱 상처 입히는 행동을 반복하는 때가 있습니다.

이야기를 들어 보면 그런 행동을 하더라도 전혀 즐겁지 않다고 합니다. 그런데도 왜 자신의 행동을 멈추지 못하는 걸까요?

어쩌면 어렸을 때 무슨 일이 일어났는지 무의식중에 호기심이 발동해 그런 행동을 반복하고 있을지도 모릅니다.

혹은 상대방이 자신에게 호의를 품고 있다는 사실을 인식하는 순간, 무심코 성적으로 반응하게 되는지도 모릅니다. 마치 자해 행위를 하듯 자신을 더욱 괴롭히려는 것일 수도 있지요.

'어차피 남성은 성욕과 돈밖에 없어. 돈을 빼앗을 거야.'라며 복수하려는 생각인지도 모르고, 가해자를 상징하는 상대(예를 들면 남성 전체)에게 복수심이 들었을 가능성도 배제할 수 없습니다.

그리고 그 행동을 되풀이할 때마다 '타락한 나', '쓸모없는 나'라는 치욕감(스티그마)은 더욱 강화됩니다.

심리 교육을 통해 트라우마가 재연되는 메커니즘을 이해하게 되면 이러한 스티그마를 제거할 수 있습니다.

한편, 학대를 받으며 자란 사람은 기벽 증상이 나타나곤 합니다.

어느 정도 회복되었으나 더는 진척이 되지 않아 힘들어지면, 안전한 상대가 있는 장소에서 플래시백을 되풀이할 수 있습니다. 파트너가 걱정해 주고 의료 관계자가 보살펴 주니 자신이 버려질지도 모른다는 불안감에서 벗어날 수 있으며 플래시백이 일어날 때 오피오이드(마약성 물질)가 분비됩니다.

내담자가 증상에 의존하게 되면 그 상태를 자신에게 확실히 알려야 합니다. 고통을 공감하는 것뿐 아니라 "그 방법은 잘못됐어요."라고 지적하며 새로운 방법을 제안하는 것 역시 지원자가 해야 할 역할입니다.

자신을 지키는 방법

트라우마가 있는 사람에게 '자신을 지키는 방법'을 학습시키는 것은 심리 교육과 기술 형성의 핵심입니다.

그중 첫 번째는 '도움을 요청하는 것'입니다.

증상이나 행동으로 표현하는 대신 "도와주세요."라고 똑똑히 음성으로 도움을 요청하도록 해야 합니다.

두 번째는 '피해에 노출되지 않는 것'입니다.

학대나 범죄 피해를 당한 책임은 피해자에게 있지 않습니다. 그러므로 "당신은 아무런 잘못도 없어요."라고 끊임없이 말하여 '전부 내 탓'이라는 그릇된 인지를 바꾸는 것이 무엇보다 중요하지요. 다만, 여기서 끝이 아니라 다음 단계로 나아가야 합니다.

만약 당사자가 '나는 강간당해도 싼, 하찮은 여자다.'라고 생각한다면 또다시 피해를 입게 됩니다. 이러한 생각(스키마)은 똑같은 현실을 만들어 버릴 만큼 대단히 강력합니다.

가정 폭력 피해자가 다음에 만난 배우자에게 재차 폭행을 당하거나 성폭행 피해를 입은 사람이 잇따라 치한을 만나는 것은 매우 흔한 사례입니다. '이 사람은 왜 이렇게 계속 피해를 보는 거야? 말도 안 돼.'라고 생각할 만한 일이 피해자의 인생에서 실제로 벌어지고 있습니다.

똑같은 상황을 되풀이하는 인지와 행동 패턴을 파악하고 개선할 수 있도록 지원자가 도와야 합니다.

상습적으로 치한 행위를 벌이는 가해자에 따르면, 안 된다는 말이나 거절을 못 하는 사람은 한눈에 알아볼 수 있다고 합니다.

저는 반복되는 피해로 괴로워하는 내담자에게 자신이 손을 뻗은 영역과 바깥세상 사이에 계란형 경계선을 만들고, 그 안쪽이 금빛 에너지로 가득 차 있다는 이미지 기법을 연습하게 한 적이 있습니다. 이 이미지 기법 덕분에 해당 내담자는 상습적인 피해로부터 해방될 수 있었습니다. 지금까지와는 다른 체험이 생기면 '나는 나를 지킬 수 있다.'라는 새로운 시각이 탄생하기 마련입니다.

관제탑이 될 것

만성적 트라우마를 겪으며 살아온 사람은 곡예비행을 하며 살아온 것과 같습니다. 위치 정보도 없고 목적지도 알지 못한 채 수많은 장애물을 피하며 살아남는 데만 급급했습니다. 곡예비행에는 안정적으로 날기 위한 제동 장치도 없습니다. 자그마한 방아쇠(트리거)로 오류가 생겨 빙글빙글 맴도는 동안 목표를 잃기도 합니다.

이러한 상태의 당사자를 지원할 때는 아래와 같이 '일시적으로' 관제탑 역할을 해 주어야 합니다.

▷ 회복 과정의 현재 위치를 알린다.

(예: 지금 당신은 여기에 있어요.)

▷ 회복의 다음 단계와 향후의 목표를 공유한다.

(예: 이쪽으로 향하고 있어요.)

▷ 성과를 확인한다.

(예: 지난번보다 이만큼 진전됐네요.)

회복이 끝날 때까지 관제탑이 되어 줄 필요는 없습니다. 하지만, 당분간은 안정적인 비행을 할 수 있도록 곁에 있어 주는 것이 중요합니다.

단계적 심리 교육과 기술 형성

5.
지원자의 경계

분노와 수동성

만성적 트라우마를 안은 사람은 기본적으로 분노를 억누른 채 살아갑니다.

학대를 받으며 성장한 사람은 훈육이라는 명목으로 불합리한 폭행을 당하고 아버지가 어머니를 때리는 장면을 목격하고, 할 말을 하지 못하는 어머니의 비참한 모습을 지켜보며, 어린 자신이 다른 가족들의 화풀이 대상이 되는 등 으레 분노를 느낄 만한 일을 수없이 경험했을 것입니다. 그리고 그 환경에서 자신의 분노를 표현하는 것은 위험했기 때문에 오랫동안 억눌러 왔습니다.

인간은 안심할 수 있는 관계에서야 비로소 감정을 표출할 수 있습니다. 따라서 중증 트라우마에 시달리는 사람은 오랫동안 억압되어 있던 분노를 지원자에게 최초로 표출하는 경우가 많습니다.

내담자가 표출한 분노에 지원자도 분노로 대응하지 않고 '이 사람은 어째서 나한테 화를 낼까?' 하고 한 걸음 물러서서 생각한다면 관계는 원활하게 풀립니다.

다만, 여기서 주의할 점은 분노를 무조건 받아주기만 하는 '샌드백'이 되어서는 안 된다는 사실입니다.

'안쓰러운 사람이니까 나만 참아 주면 되겠지…'라는 생각은 상대방을 가해자로 만듭니다. 피해-가해의 관계에 빠지면 트라우마가 재연될 수 있으며 이후 당사자가 '선생님에게 그런 심한 말을 하다니 난 사람도 아니야.'라며 목숨을 끊고 싶어 하는 예도 있습니다.

그러므로 불합리한 분노에는 그 자리에서 정확히 '노'라고 말해야 합니다.

구체적인 예시를 들어 볼까요? 제가 상담 시간에 5분 늦었다고 가정합시다.

"선생님 너무하신 거 아니에요?"라고 말을 꺼낸 순간 분노가 치밀어 "저 같은 사람은 어떻게 되든 상관없다는 거죠? 선생님은 날 전혀 몰라주고 저번에 그 일도 분명히…." 하고 쏟아 낼지도 모릅니다.

특히 내담자 자신에게 밝히고 싶지 않은 잘못이 있거나 내심 나쁜 짓을 저질렀다는 생각이 들 때는 마치 자신을 지키려는 듯이 지원자에게 강한 분노를 표출하기도 합니다. 그러면 지원자는 누명을 쓴 기분이 들기 마련이지요. 이럴 때는 어떻게 대답하는 편이 좋을까요?

"약속 시간에 늦어서 미안합니다."라고 사과한 후 그 밖에 이해할 수 없는 일에 대해서는 "그건 잘못된 생각이에요." 하고 명확히 선을 그어야 합니다.

지원자의 경계

만약 분노가 수그러들지 않는다면 이런 대응법을 추천합니다.

"미안해요. 지금은 여기에 있을 수 없을 것 같아요. 마음을 추스르고 얘기할 수 있게 되면 다시 돌아올 테니 그때 불러 주세요."라고 말한 다음 조용히 자리를 뜹니다.

지배와 통제의 관계에 빠지지 않는다

만성적 트라우마에 의한 DESNOS 증상은 요컨대 '조절 장애'입니다. 극단에서 극단으로 흔들리며 조절하지 못하는 상태는 지원자와의 관계에도 나타납니다.

숭배하는 수준까지 신뢰하고 의지하는가 싶다가도 갑자기 '혐오스럽다', '배신당했다', '상처받았다'며 공격적인 태도로 돌변할 수 있습니다. 만약 이때 지원자가 "내가 그렇게 도와줬는데 무슨 소리예요!"라는 식으로 분노하고 단죄하듯 지배적으로 대한다면 내담자가 지금까지 경험해온 힘의 관계에 또다시 빠지게 됩니다.

트라우마가 있는 사람은 과거에 자신보다 힘이 강한 사람으로부터 상처를 입었다는 사실을 잊어서는 안 됩니다. 아무리 대등한 관계에서 지원하고 있다고 생각해도 지원자는 피지원자보다 힘을 가진 존재입니다. 힘을 행사하여 당사자에게 상처 주지 않도록 주의해야 합니다.

'어떻게든 이해시켜야지.', '내 생각대로 좋아졌으면 좋겠어.'라는 일종의 열정에 사로잡히면 그것이 통제 역할을 하여 과거에 학대자와 가해자가 당사자를 지배하려고 했던 구조와 똑같아질 위험이 있습니다. 열정적일 때 더욱 주의가 필요한 법이지요.

즉, 지배와 통제의 관계에 빠지지 않으려면 지원자가 '경계'를 의식하는 것이 관건입니다.

경계를 지키다

사람과 사람 간의 건강하고 기능적인 경계는 상호 관계성에 따라 그때그때 유연하게 변화해야 합니다.

내가 타인에게 침입받지 않고 또한 내가 타인을 침입하지 않으려면 경계를 설정하고 지킬 필요가 있지요.

학대를 받으며 자란 사람은 경계 감각이 발달되지 않습니다. 개인으로서 존중받은 경험이 없으니 그럴 수밖에 없겠지요. 또한, 범죄 등의 강도 높은 피해를 입은 사람은 한때 존재했던 경계가 파괴된 상태입니다.

이 사실을 유념하여 지원 관계에서는 특히 경계선을 의식하는 것이 중요합니다.

만약 상담하러 온 사람이 "선생님처럼 훌륭하신 분은 뵌 적이 없어요. 선생님이 하시는 말씀은 무조건 믿을게요."라고 말한다면, 이는 지나치게 급속도로 가까워진 상황입니다.

"저를 믿어 주시는 건 정말 감사하지만, 우린 불과 며칠 전에 만나서 함께 회복 방법을 찾아가는 중이에요. 앞으로 제가 당신에게 절

185

대로 상처 주지 않으리란 약속은 할 수 없어요. 왜냐하면, 당신은 아직 너무 약하기 때문이에요. 제 말을 무조건 믿기보다는 만약 의심스럽다거나 불쾌한 점이 생기면 꼭 말씀해 주세요."

이렇게 말하면 상대방과의 적절한 거리와 경계가 유지되는 관계를 분명하게 제시할 수 있습니다.

또 하나, 지원자가 자신의 경계를 지키는 것 또한 빼놓을 수 없습니다.

트라우마로 괴로워하는 사람은 이따금 도움을 구하고자 지원자의 경계를 침입해 옵니다.

예를 들어 약속한 상담 시간이 지나도 얘기하고 싶은 것이 남아 있거나 휴일과 한밤중에 상담하고 싶은 일이 생길 수 있지요.

만약 지원자가 이러한 요구를 계속 받아 주면 어떻게 될까요?

상대방이 부담스러워지거나 내가 휘둘리고 있다는 생각이 들 때는 이미 지원자로서 자신의 경계를 지키지 못하고 있다는 뜻입니다.

"약속한 시간이 다 됐으니 더 하고 싶은 얘기가 있으면 다음 주까지 노트에 적어 오는 건 어떨까요?"

"메시지 답장은 하루에 한 번으로 정할게요."

이렇듯 지원자가 경계를 침식당하지 않고 자신을 지키는 행위는 곧 당사자를 지키는 길이기도 합니다.

다음 페이지에서는 지원자가 건강을 유지하는 방법에 관해 더욱 구체적으로 살펴봅시다.

6.
이차적 외상 스트레스와 대처법

이차적 외상 스트레스란?

이차적 외상 스트레스는 '외상성 역전이', '간접 외상화'라고도 불립니다. 지원 과정에서 피해자나 이재민의 트라우마 경험을 가까이에서 지켜봄으로써 당사자와 비슷한 감정적·신체적 고통을 체험하고, 심할 때는 지원자 자신의 내적인 세계관까지 변화하는 현상을 가리킵니다.

깊은 상처가 있는 사람과 접촉하는 동안 공적으로 사적으로 각종 스트레스가 생기면서 지원자도 상처를 받는 것이지요.

당사자와 공감대를 형성하며 관계를 맺는 한 이차적 외상 스트레스는 불가피한 일이기도 합니다. 이러한 인식을 바탕으로 자신의 증상을 재빨리 깨닫고 대처하며 예방법을 익히는 것이 중요합니다.

예를 들어 퇴근 후 귀가했을 때 자녀가 할 말이 있다고 쪼르르 달려오자 무심코 "조용히 해! 지금 피곤하단 말이야!"라며 버럭 화를 냈다면 이는 스트레스가 한계를 넘어섰다는 신호일 수 있습니다.

다음과 같은 징후에 주의해 주세요.

▷ **가정이나 직장에서 왠지 일이 잘 안 풀린다.**

(나는 힘들게 일하고 있는데 가족이 한가하게 있는 모습을 보면 부아가 치민다. 직장 동료나 상사에게 분노를 느끼고 마찰을 빚는 횟수가 늘었다.)

▷ **자기 내면에서 타협점을 찾으려다 악순환이 계속된다.**

(감정을 차단하여 자신을 지키는 사이에 점차 감정 자체가 느껴지지 않는다. 죽음, 성(性), 재해와 관련된 냉소적인 유머가 무심결에 튀어나온다. 혼자서는 감당할 수 없는 감정을 누군가의 탓으로 돌리며 공격하고 비난한다.)

▷ **번아웃**

(한계에 달하여 의욕을 상실한다.)

이차적 외상 스트레스의 증상은 PTSD와 동일하다

이차적 외상 스트레스의 전형적인 증상은 PTSD 증상과 매우 유사합니다. 즉, 재체험과 내적인 세계관의 변화입니다.

세계관의 변화란, 가령 성범죄 피해자를 지원하는 사람이 잡지에 실린 성인 화보를 보고 참을 수 없는 분노와 혐오감을 느끼거나 "모든 성관계는 강간이다."라고 말하거나 혹은 가정 폭력 피해자를 지원하는 사람이 '남성은 모두 폭력적'이라고 생각하게 되는 것 등입니다.

[이차적 외상 스트레스의 증상]

▷ 피해자의 체험 장면이 머릿속에 떠오른다.

▷ 피해자의 체험에 강한 공포와 불안이 생긴다.

▷ 지원자의 내적인 세계관이 변화한다.

　　→ 이 세상은 안전하지 않다.

　　→ 타인은 신뢰할 수 없다.

　　→ 나는 지원자로서 무능하며 적성에 맞지 않는다.

　　→ 인생에 희망이 없다.

▷ 신체적 불균형과 고통을 느낀다.

　이러한 증상이 나타나는 까닭은 그 사람이 나약하기 때문이 아닙니다. 이차적 외상 스트레스는 트라우마를 겪은 당사자와 접촉하는 시간에 비례합니다. 친밀해진 상태에서 듣는 트라우마 경험은 지원자 자신의 트라우마가 될 수 있습니다.

　더욱이 다음 같은 경우 이차적 외상 스트레스의 위험이 커집니다.

① 지원자 요인

어떤 트라우마가 있는 사람과 접촉하느냐, 어느 정도의 지식, 훈련, 경험이 있느냐에 따라 좌우된다. 내담자가 성폭력이나 학대를 받은 사람, 특히 아동일 경우 이차적 외상 스트레스의 발생 위험률이 높다. 또한, 트라우마 체험의 폭로가 많을수록, 트라우마에 관한 지식과 임상 경험이 얕을수록 위험은 커진다.

② 개인 요인

지원자의 개인적인 배경도 영향을 미친다. 과거에 트라우마 체험을 겪었으며 그 일이 미완의 과제로 남아 있다면 위험 부담이 크다. 가정과 친구 관계 등 개인 생활에서 받는 스트레스가 많을수록 위험하며 일반적으로 나이가 낮은 사람, 남성보다 여성일 때 이차적 외상 스트레스의 발생 확률이 높다.

③ 직장 요인

도움을 얼마나 받을 수 있느냐에 따라 달라진다. 직장에서 정서적, 기술적으로 도움을 받을 수 있다고 느끼는 사람은 위험 부담이 낮아진다. 반대로 트라우마 임상에 대한 이해나 공통 인식이 형성되지 않은 직장에서는 위험 부담이 높아진다.

트라우마 경험에 많이 노출될수록, 그리고 트라우마에 관한 지식이 적을수록 이차적 외상 스트레스의 위험이 커진다는 사실을 기억해 둡시다.

아는 것이 힘, 그 힘이 나를 지켜 줍니다.

해소법과 예방법

우선 자신의 한계를 넘지 않는 것이 핵심입니다. 대처 가능한 양과 질을 넘어서면 분노가 치솟는 등 스스로 자신을 제어하지 못하게 됩니다.

따라서 시간과 경우의 수를 적절한 범위로 한정하고 자기 안에 쌓인 스트레스를 해소하는 수단을 찾아야 합니다.

특히 다음 사항에 유의해 주세요.

▷ 트라우마 지원은 일정 시간을 넘기지 않으며 중간에 휴식을 취한다.

▷ 개인이 아닌 팀으로 활동한다.

▷ 팀 구성원과의 대화를 통해 자신의 감정을 해방한다.

▷ 완벽히 해내려고 하지 않는다. 자신의 한계를 넘지 않도록 한다.

▷ 취미 생활과 스트레스 해소법을 찾는다.

▷ 공적인 일과 사적인 일을 구별하고 사생활을 중시한다.

▷ 여가와 휴가 시간을 충분히 확보한다.

▷ 자격과 경험이 있는 사람에게 조언을 듣는다.

이차적 외상 스트레스와 대처법

▷ 이차적 외상 스트레스에 대한 지식과 이해를 높인다. 특히 관리자는 직원에게 이차적 외상 스트레스의 징후가 나타나지 않는지 주의를 기울인다.

대다수 지원자에게는 크고 작은 상처가 있기 마련입니다.

자신이 상처에서 회복된 경험은 지원 활동에 강점이 되기도 하지만, 아직 해소되지 않은 트라우마가 남아 있다면 이차적 외상 스트레스의 위험이 증가하여 당사자와의 관계가 위태로워질 수 있습니다. 그러므로 자신의 문제와 마주하고 완벽하진 않더라도 치유를 향해 나아가는 것이 중요합니다.

자신의 건강이 더 나은 지원의 밑거름이 되기 때문이지요.

그러면 마지막으로 다시 한번 정리하는 의미에서 지속적인 지원 활동을 위한 '세 가지 키워드'를 소개합니다.

① 준비

사례에 입각한 훈련을 받는다.

아직 해결하지 못한 개인적 트라우마가 있다면 먼저 그 문제를 치료한다. 처리되지 않은 문제가 남아 있다면 당사자와의 관계에 악영향을 끼치기 때문이다.

② 도움

트라우마 지원은 혼자서는 할 수 없으며 혼자서 진행해서도 안 된다. 치료사 간의 유대 및 다직종 연대가 필요하다. 또한, 피해자와 이재민에 대한 사회적 도움도 절실하다.

③ 균형

상담 시 트라우마 사례만을 다루지 않는다. 부득이한 경우에는 회복 중인 내담자의 예약을 중증 내담자 사이에 넣어 균형을 맞춘다. 사생활을 충실히 보내고 일상생활의 균형에도 신경을 쓴다.

빨간모자·늑대·외상 문제

지금까지 빨간모자와 늑대의 성장과 회복을 찾아가는 여정에 함께해 주셔서 감사합니다.

사실 이 이야기의 주인공을 '빨간모자'와 '늑대'로 설정한 데는 이유가 있습니다.

동화 속 주인공 빨간모자는 여성의 역사와 깊은 관련이 있습니다. '빨간모자'의 원형은 본래 민간 설화에서 찾아볼 수 있는데, 이 설화 속 소녀는 늑대와 교섭을 하거나 약삭빠르게 무찌르는 등 늑대와 대등한 존재로 묘사되었다고 합니다. 그런데 17세기 프랑스의 동화 작가 샤를 페로가 늑대에게 잡아먹힌다는 교훈적인 이야기로 변형했으며, 19세기에는 독일의 그림 형제가 사냥꾼에게 구출된다는 결말의 구제(救濟) 이야기로 재탄생시켰습니다. 여성의 유약함을 체현한 빨간모자는 언젠가부터 성폭행 피해를 입은 여성을 상징하여 '빨간모자'라는 이야기 자체가 근대 페미니스트의 공격 대상이 되었으며 그 후로 수많은 패러디가 생겨났습니다. '늑대'는 '늑대 인간', '남자는 늑대', …, 즉 악인과 가해자의 상징입니다. 빨간모자 = 피해자, 늑대 = 가해자라는 공식이 성립된 것이지요.

저는 학생 시절에 프랑스 유학을 떠날 즈음, 당시 주디스 허먼의 《심적 외상과 회복》*을 번역한 나카이 히사오 선생님의 소개로 앙리 엘렌베르거(Henri Ellenberger)라는 정신의학자의 저서를 접했는데, 특히 그가 손자들을 위해 남긴 단 한 편의 동화 《여러 색깔 모자》* 라는 작품에 매료되었습니다. 노란색, 흰색, 장미색, 파란색, 초록색 '모자'를 쓴 활발한 소녀가 늑대와 함께 활약하는 옴니버스식 동화로, 정신의학자이자 피해자를 위해 공헌한 엘렌베르거의 사색이 담겨 있다는 인상을 받았습니다.

* 한국어판: 《트라우마》 열린책들(2012), 일본어판: 《心的外傷と回復》, 원제: 《Trauma and Recovery》
* 일본어판: 《いろいろずきん》, 원제: 《Les petits chaperons de toutes les couleurs》

프랑스에서 귀국한 후 하마마쓰 의과대학 모리 노리오 교수의 배려로 시즈오카 현 경찰 본부 피해자 대책 상담사로서 성폭력 등의 단일성 피해를 입은 사람들을 접했고, 점차 복합성 트라우마 피해자를 진찰할 기회가 있었습니다. 그 후 가해 아동을 치료하는 과정에서 가해 체험의 이면에는 과거의 피해 체험이 존재하는 경우가 많다는 사실을 깨달았습니다. 경험이 쌓일수록 제 안에서는 가해자와 피해자의 뿌리가 같다는 확신이 들었습니다.

엘렌베르거 이외의 저자가 창작한 수많은 패러디 속에서 '빨간모자'와 '늑대' 역시 가해와 피해의 역할을 돌아가며 바꾸고 있을 뿐입니다. 저는 피해자였던 빨간모자와 가해자였지만 알고 보니 피해

자였던 늑대가 더불어 회복하여 대등하게 마주하고 협력을 통해 새로운 세계를 만들어 가는 이야기를 쓰고 싶었습니다. 이러한 제 꿈을 이룰 수 있도록 도와주신 출판사 ASK와의 인연에 깊이 감사드립니다.

이 책의 탄생

이 책의 콘셉트는 당시 제가 근무하던 병원에서 '트라우마를 경험한 사람에게 전하고 싶은 일곱 가지 이야기'라는 강연을 진행했을 때, 출판사 대표 이마나리 도모미 씨가 강연회 내용으로 무언가 기획해 보자는 제안을 계기로 탄생했습니다. ASK는 오랫동안 알코올 문제 해결을 위해 활동해 온 기관을 모체로 생겨나 출판 사업 외에도 심리 교육, 자가 치료, 라이프 스킬 세 가지를 주축으로 사업을 전개하고 있습니다. 제가 평소에 트라우마로 힘들어하는 사람들에게 최소한으로 필요하다고 생각하던 항목과 정확히 일치하지요. '빨간 모자를 주인공으로 설정하자.'라는 구상은 ASK의 계간지 2012년 6월 호 특집으로 현실화되었습니다. 그 후 다음 편을 구상하는 동안 만성 트라우마의 피해자인 '늑대'가 탄생하면서 커다란 이야기의 흐름이 생겨나기 시작했습니다. 한 편을 쓰고도 아직 못다 한 이야기가 남아 연이어 쓰게 된 네 편의 특집을 바탕으로 이 책은 완성되었습니다.

당시 저는 동일본 대지진 지원(이와테 현 미야코 시 야마다 지구의 학교 지원) 활동에 참여하고 있었습니다. 한 달에 두 번 아침 일찍 도쿄에서 출발하여 9시 반에 모리오카 시 정신의학 전문 병원에서 트라우마 외래 진료를 실시했고, 정오가 지나서는 병원 직원과 함께 사회 복지 시설 직원 연수, 저녁에는 스쿨 카운슬러 연수를 진행했으며, 다음 날 아침 미야코 시 야마다 지구로 건너가 스쿨 카운슬러와 연안 지역의 학교를 순회했습니다. 시즈오카 현에서 경찰관과 범죄 피해자를 대상으로 실시한 트라우마 케어를 더욱 다양한 직종의 사람들에게 시행하게 된 것이지요. 그야말로 '트라우마 인식 접근'의 터전을 만드는 작업이었습니다. 이 내용은 ASK에서 진행한 워크숍에 집중적으로 담겼습니다.

프롤로그에서 소개했던 '트라우마 인식 접근'을 제창한 미국의 약물 남용 및 정신 위생 관리청(SAMHSA)은 전 미국 아동 트라우마 네트워크(NCTSN)의 후원처이기도 합니다. NCTSN의 활동은 아동 트라우마를 중심으로 아동과 가족, 즉 전체 트라우마에 대한 관심으로 이어졌으며, 최근 일본에서도 연수가 진행되고 있는 심리적 응급처치와 심리적 회복 기술의 균점화 기법(均霑化技法, 씨를 뿌리듯 확산해 나가는 방법) 형성의 발판을 마련했습니다.

SAMHSA는 물질 남용 대책을 세우고 관리하는 기관입니다. 중독 문제를 해결하는 기관이 아동기 트라우마에 주목하는 분위기를 형성했듯이, 중독증과 가족 문제 해결에 힘써 온 ASK와의 인연으로

《빨간모자와 늑대의 트라우마 케어》라는 책이 탄생한 것은 매우 의미가 깊다고 생각합니다.

저자의 고백

마지막으로 여러분께 한 가지 작은 고백을 하려고 합니다. 저는 제 자신을 '빨간모자'에 비유하던 시기가 있었습니다. 아주 어린 시절과 사춘기에 단일성 성 피해를 두 차례 당한 적이 있기 때문입니다.

10대 소녀였던 어느 날, 꽃다발을 들고 누군가를 축하하러 간 장소에서 그 일은 벌어졌습니다. 중간의 기억은 없습니다. 다만, 저의 체험을 겨우 이야기할 수 있게 됐을 때 어머니가 "무슨 일이 있었든 넌 나의 자랑이다."라고 해 주신 말씀은 결코 잊을 수 없습니다.

경찰 본부에서 트라우마 임상을 시작한 후 이번에는 줄곧 잊고 있던 유년기의 기억 일부가 돌아왔습니다. 내가 왜 사춘기 때 아무런 저항도 못 했고 기억까지 잃었는지 그 이유를 깨달은 것입니다.

저는 제 인생에서 맡은 역할을 위해, 퍼즐 조각처럼 돌아오기 시작한 기억의 회귀 과정을 몸과 마음으로 직접 체험할 필요가 있었던 것이겠지요.

제 이야기를 왜 여기에서 밝히는지 말씀드립니다. 일본에서는 여아 6명 중 1명, 남아 10명 중 1명이 성 학대를 받고 있다는 통계 자료가 있습니다. UN이 발표한 <세계 여성>이라는 보고서에는 여성의 3분의 1이 인생의 어딘가에서 신체적, 성적 폭력을 당한다는 내용이 실려 있습니다. 물론, 여성만이 겪는 피해는 없으며 예를 들면 전쟁처럼 남성이 더 많이 경험하는 피해도 있습니다. 피해를 내재화하여 재피해를 입기 쉬운 여성과 외재화하여 가해자가 되기 쉬운 남성 간에 가해 - 피해의 연쇄가 일어나는 셈이지요.

피해자든 가해자든 트라우마를 겪은 수많은 사람이 누구에게도 고민을 털어놓지 못한 채 깊은 수치심을 안고 살아갑니다. 수치심은 증상과 문제 행동으로 발전하는 다양한 감정의 근원입니다. "No Shame, No Blame - 부끄러워하지 마세요, 당신은 아무런 잘못이 없어요." 저는 저 자신과 타인에게 진심으로 이 말을 전하고자 일종의 연대 표현으로 여기서 밝히기로 한 것입니다.

치료사인 제게는 피해 체험이 고마울 때도 있습니다. 자가 치료 방법과 새로운 치료 기법을 배울 때마다 저한테 직접 시험해 볼 수 있기 때문이지요. 저한테 효과가 있으면 다른 사람에게도 효과가 있거니와 한결 자연스럽게 가르쳐 줄 수 있습니다.

증상이 사라져도 회복의 여정은 오랫동안 이어집니다. 기억의 회귀는 친밀한 대인관계를 손상하고 그로 말미암아 저는 이혼을 경험했습니다. 우회로가 많은 인생이 되었지요.

'그 일이 생기지 않았다면 내 인생이 얼마나 편했을까? 내 능력을 충분히 발휘할 수 있었을 텐데…' 이런 생각으로 괴로워하던 시기도 있었습니다.

　하지만, 기쁨도 찾아왔습니다. 가족이 부서지면 또 다른 커다란 가족이 생깁니다. 새로운 만남을 한 걸음 한 걸음씩 만들어 갈 수 있습니다. 저를 통해 늘 배움의 끈을 이어갈 수 있습니다. 각종 치료법 연수를 받는 동안 '그때'의 제 신체 움직임, 즉 어떻게 저항하고 어떻게 도망쳤는지를 떠올렸고, '그때'의 시각적 기억과 신체 감각 등을 상기했을 때 정신적인 의미에서 자기 동일성을 되찾으며 제 영혼의 완전성을 느끼는 기쁨의 순간을 여러 번 만끽했습니다.

　시간은 오래 걸렸지만 이제 제 안에서 떠나보냄으로써 저의 모든 조각을 되찾을 수 있었다고 생각합니다. 그런 의미에서 이 책의 빨간모자와 늑대는 저의 분신처럼 느껴지기도 합니다.

　누구에게나 똑같은 트라우마는 없습니다. 피해 경험이 있다고 해서 다른 피해자의 마음을 온전히 이해할 수 있는 것은 아닙니다. 다만, 저는 재피해와 재연이라는 복잡한 현상을 포함한 '어느 한 가지 피해'의 귀결을 알고 있으며 그로부터 회복한 경험이 있습니다. 이 경험은 제가 이따금 마주치는 어려운 트라우마 임상으로부터 도망치지 않고 계속해서 나아가는 원동력이 되었습니다.

감사의 말

이 책은 저 자신의 여정에서 만났던 많은 분의 도움으로 완성되었습니다. 치유 기법을 배우는 과정에서 인연을 맺은 치료사분, 책을 통해 만난 분, 실제로 가르침을 주신 분들을 통해 얻은 지식이 책 안에 고스란히 담겨 있습니다. 모두 언급할 수는 없지만, 특히 개인적으로 도와주신 무라카미 나오토 선생님, 나카이 히사오 선생님, 고니시 다카코 선생님, 가모 도시코 선생님, 미네 데루코 선생님, Lide Zingaro 선생님, Esther Deblinger 선생님, Monica Fitzgerald 선생님께 감사의 인사를 전합니다.

또한, 동일본 대지진 이후 아동 지원자로 초빙해 주신 이와테 현 교육 위원회 여러분, 모리오카 시 미래의 바람 세이와 병원의 지다 후미노리 선생님 감사합니다. 당시 저는 정부 기관을 그만둔 상태라 인생의 주제로 삼은 아동 학대와 가정 폭력 문제는커녕 재해 지원도 할 자격이 없다고 낙담하고 있었는데, 좋은 기회를 마련해 주신 덕분에 다시금 제 힘을 발휘할 수 있었습니다.

그 후 Seeding Hope를 함께 설립한 동료, 기획에 참여해 주신 분들, 현재도 TF-CBT 균점화를 위해 노력하는 IFCA의 아와즈 미호 씨, 각종 지식과 기법과 태도를 함께 배우고 격려해 주신 모든 분께 진심으로 감사드립니다. 그리고 원고 단계부터 이 책에 대한 의견을 아낌없이 보내 주신 기헤이 쇼고 씨, 이가라시 이쿠요 씨 정말 고맙

습니다.

이 책을 완성할 때까지 무한한 힘과 격려를 보내 주신 출판사의 이마나리 도모미 씨. 재해 지원을 병행하느라 집필이 어려웠을 때 워크숍 내용을 문자화하고 발화 내용을 오롯이 이해하여 문장으로 옮겨 주신 편집자 무시다 히로코 씨, 두 분의 감성과 체험이 이 책에서 아름다운 화음으로 울려 퍼지고 있습니다. 일러스트레이터 모리노 구지라 씨는 제 안에 있던 '빨간모자'가 드디어 홀로서기를 할 수 있도록 도와주셨습니다. '빨간모자 팀'의 모든 분께 진심으로 감사드립니다. 또한, 우연한 만남으로 '고슴도치'라는 캐릭터를 탄생시키는 데 도움을 주신 YH 씨에게도 감사의 인사를 올립니다.

그리고 무엇보다 늘 제가 앞으로 나아갈 용기를 얻을 수 있었던 것은 여러 내담자와 가족분들의 회복을 향한 발걸음 덕분이었습니다. 저는 임상의로서 아직 미숙한 데다 젊은 시절에는 더욱 부족한 부분이 많았습니다. 그럼에도, 소중한 경험을 공유하고 회복의 여정을 함께해 주신 데 깊은 존경과 감사의 마음을 전합니다.

마지막으로 저를 강하고 따뜻하게 길러 주신 부모님과 가족에게 저의 첫 졸저가 된 이 책을 바칩니다. 제가 치료사로서 존재할 수 있었던 것은 그저 행운이었다고 생각합니다. 따라서 가족에게 받은 애정과 은혜를 세상에 돌려주고 싶다는 마음으로 노력해 왔습니다.

저는 지금, 제 인생에서 일어난 모든 사건을 무엇과도 바꿀 수 없는 소중한 기억으로 여기며 살아가고 있습니다. 태어나서 다행입니다. 길러 주셔서 고맙습니다. 함께 살아 주셔서 고맙습니다. 정말 감사합니다.

여러분 모두도 행복한 여정이 되시기를 진심으로 바랍니다.

2016년 3월 23일 천칭자리 보름달 아래서,

시라카와 미야코(白川美也子)

참고 자료

DSM-5의 외상후 스트레스 장애 진단 기준

외상후 스트레스 장애(Posttraumatic Stress Disorder)
진단기준 309.81 (F43.10)

주의점: 이 기준은 성인, 청소년 그리고 7세 이상의 아동에게 적용한다. 6세 또는 더 어린 아동을 위해서는 다음의 해당 기준을 보기 바란다.

A. 실제적이거나 위협적인 죽음, 심각한 부상, 또는 성폭력에의 노출이 다음과 같은 방식 가운데 한 가지(또는 그 이상)에서 나타난다.

1. 외상성 사건(들)에 대한 직접적인 경험
2. 그 사건(들)이 다른 사람들에게 일어난 것을 생생하게 목격함
3. 외상성 사건(들)이 가족, 가까운 친척 또는 친한 친구에게 일어난 것을 알게 됨

　　주의점: 가족, 친척 또는 친구에게 생긴 실제적이거나 위협적인 죽음은 그 사건(들)이 폭력적이거나 돌발적으로 발생한 것이어야만 한다.

4. 외상성 사건(들)의 혐오스러운 세부 사항에 대한 반복적이거나 지나친 노출의 경험(예. 변사체 처리의 최초 대처자, 아동 학대의 세부 사항에 반복적으로 노출된 경찰관)

　　주의점: 진단기준 A4는 노출이 일과 관계된 것이 아닌 한 전자미디어, 텔레비전, 영화, 또는 사진을 통해 노출된 경우는 적용되지 않는다.

B. 외상성 사건들이 일어난 후에 시작된, 외상성 사건(들)과 관련이 있는 침습 증상의 존재가 다음 중 한 가지(또는 그 이상)에서 나타난다.

1. 외상성 사건(들)의 반복적 불수의적이고 침습적인 고통스러운 기억

　　주의점: 7세 이상의 아동에서는 외상성 사건(들)의 주제 또는 양상이 표현되는 반복적인 놀이로 나타날 수 있다.

2. 꿈의 내용과 정동이 외상성 사건(들)과 관련되는 반복적으로 나타나는 고통스러운 꿈

　　주의점: 아동에서는 내용을 알 수 없는 악몽으로 나타나기도 한다.

3. 외상성 사건들이 재생되는 것처럼 그 개인이 느끼고 행동하게 되는 해리성 반응(예. 플래시백)(그러한 반응은 연속 선상에서 나타나며, 가장 극한 표현은 현재 주변 상황에 대한 인식의 완전한 소실일 수 있음)
   주의점: 아동에서는 외상의 특정한 재현이 놀이로 나타날 수 있다.
4. 외상성 사건들을 상징하거나 닮은 내부 또는 외부의 단서에 노출되었을 때 나타나는 극심하거나 장기적인 심리적 고통
5. 외상성 사건(들)을 상징하거나 닮은 내부 또는 외부의 단서에 대한 뚜렷한 생리적 반응

C. 외상성 사건(들)이 일어난 후에 시작된 외상성 사건(들)과 관련이 있는 자극에 대한 지속적인 회피가 다음 중 한 가지 또는 2가지 모두에서 명백하다.
1. 외상성 사건(들)에 대한 또는 밀접한 관련이 있는 고통스러운 기억 생각 또는 감정을 회피 또는 회피하려는 노력
2 외상성 사건(들)에 대한 또는 밀접한 관련이 있는 고통스러운 기억, 생각 또는 감정을 불러 일으키는 외부적 암시(사람. 장소. 대화. 행동. 사물. 상황)를 회피 또는 회피하려는 노력

D. 외상성 사건들이 일어난 후에 시작되거나 악화된, 외상성 사건(들)과 관련이 있는 인지와 감정의 부정적 변화가 다음 중 2가지(또는 그 이상)에서 나타난다.
1. 외상성 사건들의 중요한 부분을 기억할 수 없는 무능력(두부 외상. 알코올 또는 약물 등의 이유가 아니며 전형적으로 해리성 기억상실에 기인)
2 자신, 다른 사람 또는 세계에 대한 지속적이고 과장된 부정적인 믿음 또는 예상(예. "나는 나쁘다." "누구도 믿을 수 없다." "이 세계는 전적으로 위험하다." "나의 전체 신경계는 영구적으로 파괴되었다.")
3 외상성 사건들의 원인 또는 결과에 대하여 지속적으로 왜곡된 인지를 하여 자신 또는 다른 사람을 비난함
4. 지속적으로 부정적인 감정 상태(예. 공포. 경악. 화. 죄책감 또는 수치심)
5. 주요 활동에 대해 현저하게 저하된 흥미 또는 참여
6. 다른 사람과의 사이가 멀어지거나 소원해지는 느낌
7. 긍정적 감정을 경험할 수 없는 지속적인 무능력(예. 행복. 만족 또는 사랑의 느낌을 경험할 수 없는 무능력)

E. 외상성 사건들이 일어난 후에 시작되거나 악화된, 외상성 사건(들)과 관련이 있는 각성과 반응성의 뚜렷한 변화가 다음 중 2가지(또는 그 이상)에서 현저하다.

이차적 외상 스트레스와 대처법

1. (자극이 거의 없거나 아예 없이) 전형적으로 사람 또는 사물에 대한 언어적 또는 신체적 공격

   성으로 표현되는 민감한 행동과 분노폭발

2. 무모하거나 자기파괴적 행동

3. 과각성

4. 과장된 놀람 반응

5. 집중력의 문제

6. 수면 교란(예. 수면을 취하거나 유지하는 데 어려움 또는 불안정한 수면)

F. 장애(진단기준 B, C, D 그리고 E)의 기간이 1개월 이상이어야 한다.

G. 장애가 사회적, 직업적, 또는 다른 중요한 기능 영역에서 임상적으로 현저한 고통이나
손상을 초래한다.

H. 장애가 물질(예. 치료약물이나 알코올)의 생리적 효과나 다른 의학적 상태로 인한 것이 아
니다.

다음 중 하나를 명시할 것

해리 증상 동반: 개인의 증상이 외상후 스트레스장애의 기준에 해당하고, 또한 스트레스에
반응하여 그 개인이 다음에 해당하는 증상을 지속적이거나 반복적으로 경험한다.

1. **이인증:** 스스로의 정신 과정 또는 신체로부터 떨어져서 마치 외부 관찰자가 된 것 같은
   지속적 또는 반복적 경험(예. 꿈속에 있는 느낌 자신 또는 신체의 비현실감 또는 시간이 느리게 가는
   감각을 느낌)

2. **비현실감:** 주위 환경의 비현실성에 대한 지속적 또는 반복적 경험(예 개인을 둘러싼 세계를
   비현실적, 꿈속에 있는 듯한 멀리 떨어져 있는, 또는 왜곡된 것처럼 경험)

   주의점: 이 아형을 쓰려면 해리 증상은 물질의 생리적 효과(예. 알코올 중독 상태에서의 일시
   적 기억상실, 행동)나 다른 의학적 상태(예. 복합 부분 발작)로 인한 것이 아니어야 한다.

다음의 경우 명시할 것

지연되어 표현되는 경우: (어떤 증상의 시작과 표현은 사건 직후 나타날 수 있더라도) 사건 이후 최소
6개월이 지난 후에 모든 진단기준을 만족할 때

6세 이하 아동의 외상후 스트레스 장애 포함

A. 6세 또는 그보다 더 어린 아동에서는 실제적이거나 위협적인 죽음, 심각한 부상 또는 성폭력에의 노출이 다음과 같은 방식 가운데 한 가지(또는 그 이상)에서 나타난다.
1. 외상성 사건(들)에 대한 직접적인 경험
2. 그 사건들이 다른 사람들, 특히 주 보호자에게 일어난 것을 생생하게 목격함
   주의점: 목격이 전자미디어, 텔레비전, 영화 또는 사진을 통한 경우는 포함되지 않는다.
3. 외상성 사건(들)이 부모 또는 보호자에게 일어난 것을 알게 됨

B. 외상성 사건(들)이 일어난 후에 시작된 외상성 사건(들과 관련이 있는 침습 증상의 존재가 다음 중 한 가지(또는 그 이상)에서 나타난다.
1. 외상성 사건들의 반복적, 불수의적이고 침습적인 고통스러운 기억
   주의점: 자연발생적이고 침습적인 기억이 고통스럽게 나타나야만 하는 것은 아니며 놀이를 통한 재현으로 나타날 수도 있다.
2. 꿈의 내용과 정동이 외상성 사건(들)과 관련되는 반복적으로 나타나는 고통스러운 꿈
   주의점: 꿈의 무서운 내용이 외상성 사건과 연관이 있는지 아닌지 확신하는 것이 가능하지 않을 수 있다.
3. 외상성 사건(들)이 재생되는 것처럼 그 아동이 느끼고 행동하게 되는 해리성 반응(예. 플래시백) (그러한 반응은 연속선상에서 나타나며, 가장 극한 표현은 현재 주변 상황에 대한 인식의 완전한 소실일 수 있음)
   그러한 반응은 외상의 특정한 재현은 놀이로 나타날 수 있다.
4. 외상성 사건(들)을 상징하거나 닮은 내부 또는 외부의 단서에 노출되었을 때 나타나는 극심하거나 장기적인 심리적 고통
5. 외상성 사건(들)을 상기하는 것에 대한 현저한 생리적 반응

C. 외상성 사건(들)이 일어난 후에 시작되거나 악화된 외상성 사건(들)과 관련이 있는 자극의 지속적인 회피 또는 외상성 사건(들)과 관련이 있는 인지와 감정의 부정적 변화를 대변하는 다음 중 한 가지(또는 그 이상)의 증상이 있다.

자극의 지속적 회피
1. 외상성 사건(들)을 상기시키는 활동, 장소 또는 물리적 암시 등을 회피 또는 회피하려는 노력
2. 외상성 사건(들)을 상기시키는 사람, 대화 또는 대인관계 상황 등을 회피 또는 회피하려는 노력

인지의 부정적 변화

3. 부정적 감성 상태의 뚜렷한 빈도 증가(예. 공포 죄책감 슬픔. 수치심. 혼란)

4. 놀이의 축소를 포함하는, 주요 활동에 대해 현저하게 저하된 흥미 또는 참여

5. 사회적으로 위축된 행동

6. 긍정적인 감정 표현의 지속적인 감소

D. 외상성 사건(들)이 일어난 후에 시작되거나 악화된 외상성 사건(들)과 관련이 있는 각성과 반응성의 변화가 다음 중 2가지(또는 그 이상)에서 명백하다.

1. 전형적으로 사람 또는 사물에 대한 언어적 또는 신체적 공격성으로(극도의 분노 발작 포함)
   표현되는 민감한 행동과 분노폭발(자극이 거의 없거나 아예 없이)

2. 과각성

3. 과장된 놀람 반응

4. 집중력의 문제

5. 수면 교란(예. 수면을 취하거나 유지하는 데 어려움 또는 불안정한 수면)

E. 장애의 기간이 1개월 이상이어야 한다.

F. 장애가 부모 형제 또래 또는 다른 보호자와의 관계 또는 학교생활에서 임상적으로 현저한 고통이나 손상을 초래한다.

G. 장애가 물질(예. 치료약물이나 알코올)의 생리적 효과나 다른 의학적 상태로 인한 것이 아니다.

다음 중 하나를 명시할 것

해리 증상 동반: 개인의 증상이 외상후 스트레스장애의 기준에 해당하고 그 개인이 다음에 해당하는 증상을 지속적이거나 반복적으로 경험한다.

1. **이인증**: 스스로의 정신 과정 또는 신체로부터 떨어져서 마치 외부 관찰자가 된 것 같은 지속적 또는 반복적 경험(예. 꿈속에 있는 느낌. 자신 또는 신체의 비현실감 또는 시간이 느리게 가는 감각을 느낌)

2. **비현실감** 주위 환경의 비현실성에 대한 지속적 또는 반복적 경험(예. 개인을 둘러싼 세계를 비현실적, 꿈속에 있는 듯한, 멀리 떨어져 있는, 또는 왜곡된 것처럼 경험)

   주의점: 이 아형을 쓰려면 해리 증상은 물질의 생리적 효과(예. 일시적 기억상실)나 다른 의학적 상태(예. 복합 부분 발작)로 인한 것이 아니어야 한다.

다음의 경우 명시할 것

지연되어 표현되는 경우: 사건 이후 최소 6개월이 지난 후에 모든 진단기준을 만족할 때(어떤 증상의 시작과 표현은 사건 직후 나타날 수 있더라도)

권준수 외 공역, 정신질환의 진단 및 통계 편람 제5판, 학지사, 289-292, 2015

이차적 외상 스트레스와 대처법

DSM-5의 급성 스트레스 장애 진단 기준

급성 스트레스 장애(Acute Stress Disorder)

진단기준 308.3 (F43.0)

A. 실제적이거나 위협적인 죽음, 심각한 부상 또는 성폭력에의 노출이 다음과 같은 방식 가운데 한 가지(또는 그 이상)에서 나타난다.

1. 외상성 사건(들)에 대한 직접적인 경험
2. 그 사건(들)이 다른 사람들에게 일어난 것을 생생하게 목격함
3. 외상성 사건(들)이 가족, 가까운 친척 또는 친한 친구에게 일어난 것을 알게 됨

    주의점: 가족, 친척 또는 친구에게 생긴 실제적이거나 위협적인 죽음의 경우에는 그 사건(들)이 폭력적이거나 돌발적으로 발생한 것이어야만 한다.

4. 외상성 사건(들)의 혐오스러운 세부 사항에 대한 반복적이거나 지나친 노출의 경험(예. 변사체 처리의 최초 대처자, 아동 학대의 세부 사항에 반복적으로 노출된 경찰관)

    주의점: 진단기준 A4는 노출이 일과 관계된 것이 아닌 한, 전자미디어, 텔레비전, 영화 또는 사진을 통해 노출된 경우는 적용되지 않는다.

B. 외상성 사건이 일어난 후에 시작되거나 악화된 침습, 부정적 기분, 해리, 회피와 각성의 5개의 범주 중에서 어디서라도 다음 증상 중 9가지(또는 그 이상)에서 존재한다.

침습 증상

1. 외상성 사건(들)의 반복적 불수의적이고 침습적인 고통스러운 기억

    주의점: 아동에서는 외상성 사건(들)의 주제 또는 양상이 표현되는 반복적인 놀이가 나타날 수 있다.

2. 꿈의 내용과 정동이 외상성 사건(들)과 관련되는 반복적으로 나타나는 고통스러운 꿈

    주의점: 아동에서는 내용을 알 수 없는 악몽으로 나타나기도 한다.

3. 외상성 사건(들)이 재생되는 것처럼 그 개인이 느끼고 행동하게 되는 해리성 반응 (예. 플래시백)(그러한 반응은 연속선상에서 나타나며, 가장 극한 표현은 현재 주변 상황에 대한 인식의 완전한 소실일 수 있음)

    주의점: 아동에서는 외상의 특정한 재현이 놀이로 나타날 수 있다.

4. 외상성 사건(들)을 상징하거나 닮은 내부 또는 외부의 단서에 노출되었을 때 나타나는 극심하거나 장기적인 심리적 고통 또는 현저한 생리적 반응

부정적 기분

5. 긍정적 감정을 경험할 수 없는 지속적인 무능력(예. 행복, 만족 또는 사랑의 느낌을 경험할 수 없는 무능력)

해리 증상

6. 주위 환경 또는 자기 자신에의 현실에 대한 변화된 감각(예. 자신을 다른 사람의 시각에서 관찰, 혼란스러운 상태에 있는 것, 시간이 느리게 가는 것)

7. 외상성 사건들의 중요한 부분을 기억하는 데의 장애(두부 외상, 알코올 또는 약물 등의 이유가 아니며 전형적으로 해리성 기억상실에 기인)

회피 증상

8. 외상성 사건(들)에 대한 또는 밀접한 관련이 있는 고통스러운 기억, 생각 또는 감정을 회피하려는 노력

9. 외상성 사건(들)에 대한 또는 밀접한 관련이 있는 고통스러운 기억, 생각 또는 감정을 불러일으키는 외부적 암시(사람, 장소, 대화 행동 사물 상황)를 회피하려는 노력

각성 증상

10. 수면 교란(예. 수면을 취하거나 유지하는 데 어려움 또는 불안한 수면)

11. 전형적으로 사람 또는 사물에 대한 언어적 또는 신체적 공격성으로 표현되는 민감한 행동과 분노폭발(자극이 거의 없거나 아예 없이)

12. 과각성

13. 집중력의 문제

14. 과장된 놀람 반응

C. 장애(진단기준 B의 증상)의 기간은 외상 노출 후 3일에서 1개월까지다.

　　주의점: 증상은 전형적으로 외상 후 즉시 시작하지만, 장애 기준을 만족하려면 최소 3일에서 1개월까지 증상이 지속하여야 한다.

D. 장애가 사회적, 직업적 또는 다른 중요한 기능 영역에서 임상적으로 현저한 고통이나 손상을 가져온다.

E. 장애가 물질(예. 치료약물이나 알코올)의 생리적 효과나 다른 의학적 상태(예. 경도 외상성 뇌 손상)로 인한 것이 아니며 단기 정신병적 장애로 더 잘 설명되지 않는다.

권준수 외 공역, 정신질환의 진단 및 통계 편람 제5판, 학지사, 300-301, 2015

달리 정해지지 않은 극도의 스트레스 장애(DESNOS): 진단 기준 시안

Disorder of Extreme Stress Not Otherwise Specified (DESNOS)

A. 감정 각성 제어의 변화

1. 만성적 감정 제어 장애
2. 분노 조절의 어려움
3. 자기 파괴 행동 또는 자살 행동
4. 성적 관계 제어의 어려움
5. 충동적이며 위험을 추구하는 행동

B. 주의나 의식의 변화

1. 건망증
2. 해리

C. 신체화

D. 만성적 인격 변화

1. **자기 인식의 변화**: 만성적인 죄악감과 치욕감, 자책감, 자신은 도움이 되지 않는 인간이라
   는 감각, 되돌릴 수 없는 피해를 당했다는 감각
2. 가해자에 대한 인식의 변화: 가해자로부터 받은 왜곡된 신념, 가해자를 이상화
3. 다른 사람과의 관계 변화
   a. 다른 사람을 믿으며 인간관계를 유지하는 것이 되지 않음
   b. 다시 피해자가 되는 경향
   c. 다른 사람에게 피해를 주는 경향

E. 의미 체계의 변화

1. 절망감, 희망의 상실
2. 이전에 자신을 벋치던 신념의 상실

van der Kolk 외, 《Traumatic Stress》에서 발췌

이차적 외상 스트레스와대처법

발달상의 트라우마 장애 개념

Developmental Trauma Disorder (van der Kolk. 2005)

A. **기준**: (트라우마 폭로)

1. 하나 혹은 그 이상에 걸친 발달에 해를 끼치는 대인 관계 트라우마(유기, 배신, 신체적 폭력, 성폭력, 신체통합성에 대한 위협, 강제 행위, 정서적 학대, 폭력이나 죽음의 목격)를 여러 번에 걸쳐 만성적으로 접함

2. 주관적인 체험(격노, 배신감, 공포, 복종, 폭력, 부끄러움)

B. **기준**: 트라우마적인 방아쇠에 대해 일어나는 반복되는 조절 장애 패턴

방아쇠: 트리거가 있었을 때의 조절 장애(하이퍼 혹은 하이포), 변화는 오랜 기간 계속하며 의식하더라도 그 강도는 줄지 않고 기저선으로 돌아가지 않는다.

- 감정
- 신체(생리학적, 운동적, 신체증상적)
- 행동(재연, 편집)
- 인지(또는 일어나지 않을까 생각하는 것, 혼란, 해리, 이인증)
- 관계성(매달리기, 반항, 불신, 종속)
- 자기 귀인(자기혐오, 자책)

C. **기준**: 반복되는 왜곡된 귀인과 예측

- 부정적인 자기 귀인(자신의 탓이라 여기는 것)
- 자신의 보호자에 대한 불신
- 다른 사람이 보호해줄 것이라는 기대가 없음
- 보호해주는 사회 기관에 대한 불신
- 장래에 일어날 피해의 불가피성

D. **기준**: 기능부전

- 교육
- 가족
- 동료
- 법적
- 직업적

白川美也子, 「子ども虐待による長期の影響」, 「治療」, 87号, pp.3200-3207, 2005

발달성 트라우마 장애의 진단 기준(DSM-5에 대한 시안)

A. **폭로**: 소아기 혹은 사춘기 일찍 시작하여 1년 이상에 걸쳐 계속되는 여러 번 혹은 지속하는 해로운 일을 경험하거나 목격함

  A1. 반복적이고 심각한 대인 폭력 상황을 직접 경험하거나 목격

  A2. 주로 양육자의 교대에 따른 분리의 반복이나 심각하고 계속되는 정서적 학대에 의한 보호 양육의 심각한 저해

B. **감정이나 생리적 상태의 조절 장애**: 흥분 조절에 관한 통상의 발달 능력이 저해되어 다음과 같은 항목 중 적어도 2가지에 해당

  B1. 극도의 감정 상태(공포, 분노, 치욕 등)의 조절, 감당하지 못함, 혹은 그러한 감정 상태에서 회복할 수 없음. 지속하거나 혹은 극도의 짜증이나 움직이지 않음을 포함.

  B2. 신체적 기능의 조절 장애(수면, 음식물섭취, 배출에 관한 지속적인 장애: 신체 접촉이나 소리에 대한 과도한 반응성 혹은 과소 반응성: 일상생활의 변경이 잘 안 되는 것 등)

  B3. 각성, 감정, 신체 상태에 대해 눈치를 채지 못함 혹은 해리

  B4. 감정이나 신체 상태를 표현하는 능력의 장애

C. **주의 혹은 행동 조절 장애**: 주의의 지속, 학습, 스트레스 대처에 관한 통상의 발달상 능력이 저해되어 다음과 같은 항목 중 적어도 2가지에 해당

  C1. 위협에 대해 과도하게 반응하거나 위협을 인식하는 능력의 문제. 안전이나 위험에 대한 단서를 오인하는 것도 포함.

  C2. 극도의 위험을 돌아보지 않는 등 스릴을 추구하는 행동을 포함한 자신을 지키는 능력의 손상.

  C3. 자신을 진정하고자 하는 부적응적인 행동(암벽등반이나 그 밖의 율동적인 신체 움직임, 강박적인 자위행위 등)

  C4. 습관성(의도적 혹은 자동적), 또는 반응적인 자기 상해

  C5. 목표를 향한 행동을 하지 않음, 또는 지속할 수 없음

D. **자기 혹은 관계성 조절 장애**: 개인의 자기감과 대인 관계의 영역에서 통상의 발달상 능력 손상. 다음 항목 중 적어도 3가지에 해당.

D1. 양육자나 그 외 다른 아이들의 애정 대상자의 안전성에 대해 과도한 반응을 보임. 대상자와의 분리 후 재회가 어려움.

D2. 지속하는 부정적인 자기감: 자책감, 무력감, 자기무가치관, 무능감, '결함이 있음'이라는 감각 등

D3. 어른이나 동료와의 친밀한 관계에서 지속하는 극도의 불신이나 반항, 또는 상호 관계 결여

D4. 동료나 양육자, 그 외 어른에 대해 반응적인 신체적 폭력 또는 언어를 이용한 폭력

D5. 부적절한(과도한 또는 구별이 없는) 친밀한 관계성(성적 또는 신체적 친밀성을 포함하나 그것에만 한정되지 않음)

D6. 공감적 각성(Emotional Arousal)을 조절하는 능력의 장애. 다른 사람의 고통 표현에 관해 관계성 결여, 그것에 견디지 못하는 것, 과도한 반응성을 나타냄으로써 명확해짐.

E. **트라우마 후 증상 스펙트럼**: 아이에게 PTSD 3개의 증상군(PTSD 진단 기준 B~D) 중 2가지 이상의 증상군에 대해 각 군에 최소 1항목에 해당함.

F. **장애의 기간**: 위의 B~E 증상이 6개월 이상 계속됨

G. **기능 문제**: 학업, 가족 관계, 동료 관계, 법적 측면, 신체건강 측면, 혹은 직업 측면 중 2가지 이상의 영역에서 증상 때문에 문제가 발생함(이 항목 일부 생략)

白川美也子·鈴木太, 「トラウマから見た気分変化」, 『精神科治療学』, 29(5), pp.583-592, 2014